바른회사생활

MANGA DE MINITSUKU SHIGOTO NO MANNERS by Chihoko Yamada
Illustrated by Youko Yoko
Copyright ⓒ Chihoko Yamada, 2017
All rights reserved.
Original Japanese edition published by ASA Publishing Co., Ltd.

Korean translation copyright ⓒ 2019 by JUNGWON GRAPIA Co., Ltd.
This Korean edition published by arrangement with ASA Publishing Co., Ltd., Tokyo,
through HonnoKizuna, Inc., Tokyo, and JM Contents Agency.

이 책의 한국어판 저작권은 JM콘텐츠에이전시를 통해
ASA Publishing Co., Ltd.와 독점계약한 (주)정원그라피아에 있습니다.
저작권법에 의해 한국 내에서 보호를 받는 저작물이므로 무단 전재와 무단 복제를 금합니다.

바른
회사
생활

너무나 당연해서 아무도 알려주지 않았던
비즈니스 매너의 모든 것

프롤로그

비즈니스 매너와 직장예절을 주제로 일 년에 250회 이상 강연과 연수를 진행하다 보니 수많은 경영자와 인사담당자, 관리직, 신입사원 등을 만날 수 있다. 이 자리에 모인 인사담당자나 관리직에 있는 사람들은 '요즘 젊은 사원들은 버릇이 너무 없어요. 개념이 없는 건지', '말도 마세요, 인사도 제대로 못 한다니까요' 등등 신입이나 후배들의 못마땅한 점을 이야기하고는 한다.

이 책을 읽고 있는 당신도 상사나 선배에게 '인사도 제대로 못 하나', '그런 것도 다 일일이 얘기해줘야 하나'와 같은 말을 한 번쯤 들어봤을지 모른다. 또한 상사나 선배에게 지적을 받았을 때 '제대로 인사했는데 왜 뭐라 하는 거지?'라며 황당해하거나, 무엇이 문제인지 몰라 어리둥절해 본 사람도 있을 것이다. 왜 만난 적도 없는 사람에게 '덕분입니다', '항상 감사합니다'와 같은 인사를 해야 하는지 모르니 왜 그래야 하는지 이유를 알려달라고 하고 싶었을지도 모른다. 이유를 모르니 그러고 싶은 마음이 들지 않고 배운 적이 없으니 모르는 것은 당연하다.

'매너'란 무엇일까. 사전에는 '행동 방식이나 태도, 예의'라고 정의되어 있지만, 무엇보다 상대에게 불쾌감을 주지 않기 위한 화법이나 태도 또는 예의가 곧 매너라 생각한다. 상대를 배려하는 마음을 말과 행동으로 표현하는 방법인 매너는 사회인이라면 반드시 갖추어야 할 소양이다.

매너의 참뜻은 '타인에게 폐를 끼치지 않는 것', '타인에게 불쾌감을 주지 않는 것', '타인을 배려하고 경의를 표현하는 것'이다. 사회인으로서라기보다 인간으로서 당연히 갖추어야 할 것이라 말할 수 있다.

비즈니스 매너란 업무에 필요한 모든 매너를 통틀어 가리키는 말이다. 마음이 맞는 사람과만 관계를 맺어도 문제가 되지 않았던 학창시절과는 다르게, 사회에서는 다른 가치관을 가진 다양한 사람들과 관계를 만들어가야 한다. 비즈니스는 회사 대 회사, 사람 대 사람의 신뢰 관계를 바탕으로 성립되며 고객을 만날 때는 당신이 곧 회사다.

당신의 인상이 곧 회사의 인상이 되며, 이는 성과와 업적에도 영향을 미친다. 당신이 비즈니스 매너를 익히지 않으면 고객이나 거래처, 나아가서는 상사나 선배, 동료 사이에서도 신뢰를 얻기 어렵다.

상사의 입장을 헤아리고 배려하는 마음을 말과 행동으로 표현하면 원만한 커뮤니케이션을 할 수 있고 이를 통해 좋은 관계도 만들 수 있다. 실제로 비즈니스 매너를 배우고 익히면서 사람들과의 관계에 자신감이 생기고, 상대를 대하는 데 부담을 덜 느끼면서 일의 능률이 오른 사람들을 현장에서 수없이 보았다.

이 책은 다양한 기업과 단체에서 연수를 진행하며 받았던 질문에 대한 대답이다. '이거 잘 모르겠는데', '이럴 때는 어떻게 해야 하지?', '뭐라고 알려주면 될까?'와 같은 소박한 궁금증에 답한 매뉴얼이라 할 수 있다.

하지만 이 책을 보며 겉으로 흉내만 낼 뿐 말과 행동에 마음이 담겨 있지 않으면 그것은 진정한 매너가 아니다. 당신의 매너가 형식적인 흉내 내기에 머물지 않도록 그렇게 해야 하는 이유와 행위에 담긴 의미를 배경부터 이야기하고자 한다.

'이럴 때는 어떻게 해야 하지?' 하는 상황이라면 관련 페이지를 펼쳐 확인해보자. 바로 실천하지 못해도 괜찮다. 실패를 두려워하지 않고 우선 해보려는 마음가짐이 중요하다. 당신이 올바른 매너를 갖추어 신뢰받는 사회인으로서 종횡무진 활약하기를 진심으로 바란다.

야마다 지호코

CONTENTS

프롤로그 ···4

1장 비즈니스의 기본

1. 비즈니스 상식이 뭐길래 ···016
   Column 1 상식있는 사회인이 되자
2. 내 옷차림이 뭐가 어때서 ···022
   Column 2 옷차림 체크리스트
3. 청바지도 깔끔하기만 하면 괜찮다? ···026
4. 팔짱만 꼈을 뿐인데 프로젝트에서 잘렸다?! ···028
5. 사회인의 언어란? ···030
6. '알았습니다'가 무례하다고? ···032
   Column 3 사회인다운 화법과 행동을 배우자
7. 높임말이 어려워요 ···038
   Column 4 높임말을 배우자
8. 소통 능력이 평가를 좌우한다? ···046

2장 인사

9. 인사는 왜 해야 할까 ···050
   Column 5 인사 TPO를 배우자
10. 고개 숙이면 인사한 것 아닌가요? ···058
11. 인사에도 종류가 있다? ···060
12. 처음 만난 사람에게 왜 '감사합니다'라고? ···062
13. 휴가를 낼 때도 허락을 받아야 할까? ···064
14. 임신이나 퇴직 보고, 타이밍이 중요해? ···066
15. 늦잠을 자버렸다? 변명도 사회인답게! ···068

3장 명함 교환

- 16 처음 생긴 내 명함, 명함도 사용법이 있다? ···072
- 17 명함은 잘 전달했는데, 뭐가 문제였을까? ···074
  Column 6 Let's Try! 명함 교환
- 18 센스 있는 명함집 고르기! ···078
- 19 명함을 건네려는데, 상대방이 먼저 명함을 내밀었다! ···080
- 20 받은 명함은 어떻게? ···082
- 21 긴장 탓에 명함을 떨어뜨렸다! 이럴 때는 어떻게? ···084
- 22 명함이 없을 때는 어떻게? ···086
- 23 상대방이 여러 명일 때는? ···088

4장 의전

- 24 문 앞에 손님이 와 있다! ···092
- 25 방문객이 왔음을 전달할 때 ···096
- 26 손님을 안내할 때 ···098
- 27 상석? 요즘에도 그런게 있나요? ···102
  Column 7 상황별 비즈니스 상석
- 28 차는 어떻게 드리면 되나요? ···106
- 29 차를 내가려는데 사람이 더 많아졌다! ···110
- 30 고객에게 우리 쪽 상사를 소개할 때 ···112

5장 방문

31	약속은 어떻게 잡나요?	···116
32	방문 전 어떤 준비를 해야 할까?	···120
	Column 8 방문 전 준비는 확인 또 확인!	
33	약속 시간에 늦었다!	···124
34	약속에는 몇 분 전까지 가는 게 좋을까?	···128
35	안내에는 뭐라고 말하면 좋을까?	···130
36	안내 데스크가 없네?! 그냥 들어가도 될까?	···132
37	기다릴 때도 매너 있게!	···134

6장 전화 응대

38	전화는 왜 다 내가 받아야 해?	···138
	Column 9 전화 응대의 기본 '신속·정확·공손'	
39	아침 인사는 몇 시까지?	···144
40	전화한 상대가 찾는 사람이 없을 때는?	···146
	Column 10 SNS에서의 비즈니스 매너	
41	잘못 걸려온 전화는 어떻게 하나요?	···150
42	전화를 잘못 걸었을 때는?	···152
43	피하고만 싶은 불만 전화, 현명한 대처법은?	···154
	Column 11 불만 전화 대처법	
44	상대방 목소리가 잘 들리지 않는다?!	···158
45	유난히 말이 빠른 고객의 전화는 어떻게?	···160
46	모릅니다 vs 확인해보겠습니다	···162
47	휴대전화에도 비즈니스 매너가 있다고?	···164
	Column 12 비즈니스를 위한 휴대전화 사용법	
48	명함에 있는 휴대전화 번호로 연락해도 될까?	···170
49	동료의 휴대전화 번호를 알려줘도 괜찮을까?	···172

7장 업무 방식

50 상사와 만나기 어려울 때는? ⋯176
   Column 13 일 잘하게 하는 '호렌소' 원칙
51 일의 우선순위는 어떻게 정할까? ⋯182
52 마감일이 아직인데 나중에 하면 안되나요? ⋯184
53 감사 인사는 언제, 어떻게 전하면 좋을까? ⋯186
   Column 14 감사장을 써보자
   Column 15 감사의 메일을 써보자
54 내 잘못이 아니어도 사과해야 한다? ⋯190
   Column 16 사과 메일을 써보자
   Column 17 배상, 올림, 드림의 차이
55 혼자서 해결하기 힘든 문제는? ⋯194

8장 접대 및 회식

56 선배가 제안하는 술자리, 안 가면 안 되나요? ⋯198
57 회사는 잊고 편하게 먹고 마시자? ⋯200
58 '접대'가 왜 필요하죠? ⋯202
   Column 18 접대도 일이다. 준비는 철저하게!

신입사원 매너 검정시험 ⋯208
신입사원 매너 검정시험 - 정답 ⋯210

에필로그
⋯214

등장인물

무한상사 영업팀에 이번 달에 입사한 신입사원

최성실

느긋하고 자신만의 스타일이 있으나
천성이 성실하다.

나대용

흔히 말하는 요즘 애들이다.
무뚝뚝하고 시크한 성격.
좋은 평가를 받고 싶어 하지만 열정이 부족하다.

한정직

늘 열심히 하지만 본래 느긋한 성격으로
가끔 실수를 한다.

신입사원들과 함께 일하는 무한상사 영업팀 상사와 선배

유부장
무한상사 영업부문 부장

예전에는 '호랑이'로 불렸으나 지금은 너그러운 상사의 전형이다. 아주 가끔 당시의 명성을 떠올리게 하는 모습이 나타난다.

박팀장
무한상사 영업팀 팀장

신입사원들의 직속 상사. 엄격하게 대하는 편이지만 근본적으로 자상한 성격의 소유자. 부하 직원들에게 인기가 많다.

송대리
무한상사 영업팀

신입사원들의 선배. 일에는 철저한 성격으로 신입사원들이 조금 어려워한다.

하대리
무한상사 영업팀

신입사원들의 바로 위 멘토 선배. 서글서글하고 쿨한 성격으로 팀의 분위기 메이커. 신입사원들과도 사이가 좋다.

무한상사 거래처

우리판매㈜

정지만 팀장
우리판매㈜ 영업팀장

무한상사와 전부터 거래 중인 대기업 고객사 팀장. 인자한 성품으로 사내·외 가릴 것 없이 후배 사원들에게 존경받는 인물이다.

㈜중앙물산

임바른 팀장
㈜중앙물산 영업부 담당

무한상사와 협력 관계인 신생기업의 담당. 언뜻 뻣뻣하고 깐깐해 보이지만 사람을 잘 챙기는 성격으로 신입사원들이 잘 따른다.

차정인 대리
㈜중앙물산 영업팀

단아한 외모에 상냥한 성격으로 신입사원들이 동경하는 대상이다.

㈜T서비스

신나라 차장
㈜T서비스 구매팀

시원시원한 성격으로 일에는 거침이 없지만 신입사원들을 따뜻하게 지켜봐준다.

1장
비즈니스의 기본

1 비즈니스 상식이 뭐길래

비즈니스 세계에서 통하는 상식을 알아두어야
'일 잘하는' 사회인으로 인정받을 수 있다.

상식 = 사회인으로서 가져야 할 지식이나 가치관, 판단력

일상의 다양한 상황에서 서로 지켜야 할 원칙이나 관습이 있다. 이를 통틀어 '상식'이라고 부르는데, 어릴 적 부모님께 혼나가며 배운 '예의범절'도 하나의 상식이다.

상식의 사전적 의미는 '사람들이 보통 알고 있거나 알아야 하는 지식'이다. 비즈니스에서도 '상식'이 존재한다. 상사나 동료, 거래처 등 각양각색인 사람들과의 관계 속에서 '상식'은 빠질 수 없는 부분이다.

나이와 성별, 그리고 사회적 지위가 다른 사람들이 서로의 차이를 좁혀가며 함께 일하기 위한 바탕이 바로 비즈니스에서 말하는 상식이다. 즉, 비즈니스의 원천이자 공통 언어라 할 수 있다.

비즈니스 세계의 상식을 구체적으로 표현한 것이 바로 '비즈니스 매너'다. 기본적인 상식을 갖추고 올바른 비즈니스 매너를 익혀두면 다양한 사람들과 원만한 인간관계를 맺을 수 있다. 반대로 사회적인 관습이나 일반적인 상식을 알지 못하면 '이런 것도 모르나?' 하며 무안을 당할 수 있고, 더한 경우에는 잘못된 매너로 회사에 손해를 입히거나 상대방에게 불쾌감을 주어 관계를 어렵게 만들 수도 있다.

또한 한 사회에서는 상식으로 통할 수 있는 것도 다른 사회에서는 비상식이 될 수도 있다. 예를 들어, 학창시절이라면 식당이나 카페에서 친구를 만날 때 서로의 휴대전화를 테이블 위에 올려두거나 이야기 도중 메시지를 확인하는 행동이 아무렇지 않을 수도 있다. 그렇지만 같은 행동도 비즈니스에서는 예의 없는 행동으로 여겨질 수 있으며, 심지어 의도치 않은 행동이라도 상대방의 기분을 불쾌하게 만들었다면 비즈니스 측면에서는 큰 손해가 아닐 수 없다.

사회에 발을 들였다면 사회인으로서 알아야 할 상식이 무엇이며, 당연하게 여겨지는 매너가 무엇인지 알아두어야 한다. 사회인이란, 사회와의 관계 속에서 일정한 책임을 갖고 행동하고, 생활하는 사람을 가리킨다. '사람'으로서의 기본적인 지식이나 올바른 매너를 갖췄다면 사회인으로서 높이 평가받을 수 있다.

이제 막 학생을 벗어나 사회인이 된 당신의 상식과 회사 선배들이 생각하는 상식에는 차이가 있을 수 있다. 그러므로 사회인으로서 첫걸음을 내딛기 전에 먼저 학생과 사회인의 기본적인 차이를 알아야 한다. 모르는 것은 모른다고 솔직하게 표현하고 적극적인 자세로 배우며 주변 선배들의 말과 행동을 통해 몸에 익힐 수 있도록 한다.

사회인답게 생각하고 행동하는 것은 상대를 불편하게 하지 않고 존중하며 배려하는 마음을 갖는 것이다. 공과 사를 명확히 구분하여 상황에 따라 분별력 있는 말과 행동을 하고, 인사법을 갖추는 등 기본적인 비즈니스 매너를 익혀두면 당당한 사회인의 모습으로 행동할 수 있을 것이다.

사회인으로서의 상식을 알게 되면 시키는 것만 하는 데 그치지 않고 '왜 일하는가', '상대방을 위해 지금 내가 할 수 있는 일은 무엇인가'를 생각하여 주도적으로 행동할 수 있다. 이를 통해 자신의 역량을 능가하는 퍼포먼스를 발휘하게 되면 회사에 필요한 '인재$_{人財}$'가 될 수 있다.

상식 있는 사회인이 되자

'인재'의 네 가지 유형

人材
사람 인   재목 재

- 어떤 일을 할 수 있는 학식이나 능력을 갖춘 사람
- 실적은 없지만 성장이 기대되는 사람
- 주어진 것만 하는 사람

人財
사람 인   재물 재

- 실적도 있고 성장이 기대되는 사람
- 주체성을 갖고 스스로 업무를 진행하며 몰입하는 사람
- 기업이나 조직에 없어서는 안 될 사람

人災
사람 인   재앙 재

- 실적이 없고 성장도 기대되지 않는 사람
- 실수나 실패를 반복하여 조직에 불이익을 주는 사람
- 도덕성이 낮은 사람

人在
사람 인   있을 재

- 실적은 있으나 그 이상 성장이 기대되지 않는, 상승 욕구가 없는 사람
- 자리를 지키는 데 의미를 두고 변화 없는 일만 처리하는 사람

(세로축: 장래성, 가로축: 실적)

'상식 있는' 사회인이라면 갖춰야 할 6가지 덕목

1. 주인 의식
어떤 일에 자신이 직접 관련되어 있다는 마음가짐이다. '책임감'과도 유사한 개념으로, 주체적으로 일에 몰두하며 성과를 내는 방법을 더 깊이 있게 고민한다.

2. 협력 의식
조직의 일원으로서 팀워크를 중요하게 생각하는 마음가짐이다.

3. 안전 의식
실수나 사고를 일으키지 않도록 안전 관리를 염두에 두는 마음가짐이다. 업무상 발생하는 정보나 개인의 건강 관리도 포함된다.

4. 원가 의식
회사의 비용에 관한 인식이다. 업무상 실수가 발생하면 이는 곧 회사 경비와 노력의 낭비로 직결된다. 즐겁게 일하되, 시간을 효율적으로 사용하자. 신입사원은 일을 배우는 입장이다. 가르쳐주는 선배의 노력과 시간을 소중히 여기고 헛되게 만들지 않도록 하자.

5. 개선 의식
평소 자신의 업무에 문제가 있는지, 개선 가능한 부분은 없는지 생각해보는 것이 중요하다. 더 나아지려는 노력을 바탕으로 일에 몰두함으로써 스스로를 성장시킬 수 있다.

6. 고객 의식
늘 고객에게 감사하고 고객을 소중히 생각하는 마음가짐이다. 상품이나 서비스를 구매하는 '외부 고객'뿐 아니라, 함께 일하는 직장 동료인 '내부 고객'도 소중히 생각하자.

2 내 옷차림이 뭐가 어때서

사회인의 멋은 자신을 위한 것이 아닌 '상대방을 위한 것'이다.
진정한 멋을 아는 사회인이 되기 위해 다음 사항을 알아두자.

단정한 옷차림은 상대를 배려하는 마음가짐

멋을 내기 위한 패션과 단정한 옷차림은 다르다. 단정한 옷차림은 상대가 받는 인상을 중심으로 생각하는 개념이다. 상대방이 불쾌해할 만한 모습은 피하고, 어떤 느낌을 받을지 고려한다. 반대로 멋을 낸다는 것은 상대방이 아닌 나 자신을 중심으로 생각하는 것이다. 자신의 개성을 표현하고 싶더라도 비즈니스 자리에서는 상대를 배려하는 것이 기본이다. 단정한 옷차림을 해야 할 때 신경 써야 할 포인트는 다음과 같다.

1. 깔끔함

복장과 헤어스타일은 산뜻한 인상을 주는 것이 좋다. 깨끗한 셔츠라 해도 주름이 남아 있으면 깔끔한 느낌을 줄 수 없다. 아침에 머리를 감았어도 헤어스타일링 제품이 덕지덕지 뭉쳐 있다면 말끔해 보이지 않는다. 과도한 향수 냄새나 구취 등 눈에 보이지 않는 부분도 신경 쓴다.

또 과한 메이크업도 비즈니스에서는 매너가 아니다. 적당한 피부 화장과 입술을 옅게 바르는 정도로 자연스럽고 편안한 인상 줄 수 있도록 한다.

2. 기능성

일에 지장을 주지 않으며 활동하기 편안한 기능적인 옷차림을 말한다. 또한 인사를 할 때마다 머리카락이 얼굴을 가려 머리를 만져야 한다면 기능적이라고 할 수 없다.

3. 밸런스

　TPO_{Time, Place, Occasion}는 시간, 장소, 상황에 맞추는 옷차림 센스를 말한다. 정장에 러닝화 차림은 말할 것도 없지만 숄더백을 크로스로 멘 모습도 크게 추천하고 싶지는 않다. 흐트러진 슈트는 칠칠치 못한 인상을 준다.

　업무 시간에 유니폼을 입는다고 해서 출퇴근 시에는 어떤 차림이든 자기 마음대로 해도 된다는 뜻은 아니다. 휴일이 아니다. 사회생활에 적합한 옷차림을 유지하자.

　신입사원일 때는 무엇보다 깔끔한 인상이 가장 중요하다. 셔츠는 포멀한 자리에도 거부감이 없는 흰색이 무난하다. 만약 색이 있는 셔츠라도 진하지 않은 컬러를 추천한다. 화려한 무늬의 넥타이는 피하되 개성 있는 컬러로 센스를 발휘하자. 여성의 액세서리도 화려하지 않고 단아한 느낌이 드는 것이 좋다. 가방은 모양이 잘 흐트러지지 않는 토트백 스타일이 좋다. 지나치게 유행에 민감한 아이템은 피하고, 단정하고 남녀노소 누구에게나 호감 가는 모습으로 꾸미도록 한다.

　옷차림은 내면의 모습을 반영한다. 인사, 태도, 말투, 표정과 함께 '비즈니스 매너의 5원칙'이라 불릴 만큼 어엿한 사회인으로서 매우 중요한 요소다. '대충하지 뭐 어때' 하며 대수롭지 않게 여기다가 상대에게 불쾌감을 줄 수 있으니, 다음의 체크리스트를 활용하여 늘 당당하고 기품 있는 모습으로 회사생활을 할 수 있도록 하자.

옷차림 체크리스트　　　　　　　　　　　　　　　　　Column 2

비즈니스용 복장을 체크할 때는 작은 부분까지 세심하게 신경 써야 한다. 꼼꼼히 챙겼다고 생각해도 의외로 빠뜨리는 것이 많다. 아래의 체크리스트를 활용하여 자신의 모습을 점검해보자.

항목	체크 포인트	○ ×
머리	단정한 헤어스타일	
	자연스러운 컬러	
얼굴	깔끔한 면도	
	안경 렌즈의 얼룩	
	과하지 않은 메이크업	
복장	목덜미 깃이나 소매의 오염	
	옷의 주름과 얼룩	
	셔츠 소매의 단추 채우기	
	비즈니스에 어울리는 색상과 디자인	
	넥타이 매듭 – 느슨하거나 삐뚤어지지 않았는지	
	스커트 밑단이 풀리지 않았는지	
	어깨 위 비듬	
	주머니 – 소지품 때문에 불룩하지는 않은지	
	적당한 바지 길이	
손	깨끗하게 정리된 손톱	
구두	깨끗한 구두	
	비즈니스에 알맞은 컬러나 디자인	
가방	업무에 맞는 모양과 컬러	
액세서리	과하지 않으며 작고 단정한 액세서리	
기타	명함집 사용	

3 청바지도 깔끔하기만 하면 괜찮다?

자신에게는 괜찮아 보여도 비즈니스에서는 그렇지 않을 수 있다.

'캐주얼 = 완전 자율'이 아니다

최근 캐주얼 데이 같은 제도를 시행하는 회사가 늘고 있다. 그러나 캐주얼 데이라고 해도 회사는 회사, 일은 일이다. 갑자기 손님이 방문하거나 다른 회사에 외근을 가야 하는 일이 생길 수 있다. '이 정도라면 고객 앞에 나서도 괜찮겠다'를 기준으로 옷을 골라보자.

비즈니스 상황에서는 상대방에 대한 존경의 뜻을 복장으로 표현하기도 한다. 아무리 고가인 청바지라 해도 본래 미국에서 작업복으로 탄생한 것이다. 평소 슈트 차림으로 접해온 고객 앞에 작업복 차림으로 나타난다는 것은 아무래도 실례다.

캐주얼 룩에서 신경 써야 할 점은 '깔끔한 느낌'이다. 넥타이를 하지 않더라도 깃을 단추로 고정할 수 있거나 깃이 높은 셔츠를 고르면 '깔끔한 느낌'을 연출할 수 있다. 만일을 대비하여 회사에 재킷을 준비해두면 예기치 못한 상황에 언제든 대응할 수 있으니 실천해보자.

사람은 '겉모습'으로 판단된다. 특히 나이가 있는 분들은 복장이 단정하지 못한 상대에게 거부감이나 불쾌감을 느껴 신뢰하지 못하는 경우도 있다. 겉모습에서 부정적인 이미지를 보여준다면 자신만 손해다. 일할 때는 업무에 알맞은 모습으로 단정하게 꾸미고, 개성 넘치는 스타일링은 사적인 자리에서 하도록 한다.

4
팔짱만 꼈을 뿐인데 프로젝트에서 잘렸다?!

팔짱을 끼거나 다리를 꼬는 등
무심코 나오는 습관이 상대에게 불쾌감을 줄 수 있으니 주의하자.

자신의 행동과 몸짓을 항상 의식하자

너무 긴장한 나머지 무심코 팔짱을 꼈다. 당신은 아무 생각 없이 한 행동일 뿐이지만 상대방은 당신의 태도를 건방지고 무례하다고 느낄 수 있다. '그런 의도는 아니었는데…' 하고 나중에 후회해도 소용없다.

 사람과 사람 사이의 커뮤니케이션에서 태도, 표정, 옷차림 같은 겉모습은 무려 55%를 차지해 38%인 말투와 목소리, 7%인 말에 비해 상당히 큰 영향을 미친다. 자신이 무심코 하는 습관이 상대방에게 어떤 느낌을 주는지 알아두고, 부정적 인상을 주는 제스처나 태도는 고쳐나가자.

 또 무심코 자신의 속마음이 태도를 통해 겉으로 나와버리는 일도 적지 않다. 긴장이 풀려 실수하는 일이 없도록 상대방을 편안하게 하면서 성의를 보일 수 있는 태도를 익혀두자.

마지막으로 덧붙이자면, 앉아서 이야기를 나눌 때는 의자에 깊숙이 앉지 않고 앞쪽에 살짝 걸터앉도록 하자. 등받이에 깊이 기대앉지 않도록 다리나 팔을 꼬지 않고 허리를 곧추세워 앉는 자세가 좋다.

5 사회인의 언어란?

말투는 상대방과 좋은 관계를 쌓아가는 데 중요한 역할을 한다.
학생 때 쓰던 언어 습관에서 벗어나 사회인에게 걸맞은 말하기를 배워두자.

친한 사이에도 예의를 지키고 신뢰를 주는 말투가 필요하다

직장에서 짧은 대화를 나눌 때 친구들끼리 쓸 법한 말투를 그대로 사용하는 사람이 적지 않다. 회사마다 문화가 다르니 거부감이 적은 곳도 있겠지만 대부분 업무에 대한 인식이 부족하거나 미숙해 보여 상대방에게 신뢰감을 주기가 어렵다.

비즈니스상에서 신조어나 인터넷 용어의 사용은 금기어나 마찬가지다. 상대방에게 '우리는 허물없는 사이'라는 것을 드러내려고 일부러 편한 말을 사용하는 사람도 있겠지만 '놀 때도 예의를 지켜라'라는 라틴 속담처럼 가까운 사이에도 지켜야 할 예의가 있다. 사회인이라면 공과 사를 구별하여 바른 언어를 쓰도록 신경 써야 한다.

또한 말수가 적거나 표현이 서툰 탓에 상대에게 불편함을 유발하는 경우도 있다. 상대방에게 무언가를 부탁할 때나 말하기 어려운 것을 전달해야 할 때는 본론에 앞서 대화를 부드럽게 해주는 말을 덧붙이는 것이 좋다. 한마디를 덧붙이는 것만으로도 상대의 마음을 만져주는 마법의 언어가 있는데, 그것이 바로 '쿠션 언어'다.

비즈니스 상황에서 자주 쓰는 쿠션 언어와 순화어를 제대로 알고 활용하는 커뮤니케이션의 달인이 되어보자.

6 '알았습니다'가 무례하다고?

특별한 이유 없이 지적받을 때는
비즈니스 매너의 핵심인 '상대방에 대한 존경의 마음'이 빠져 있을 수 있다.

대답할 때도 상대에 대한 존중의 마음을 담는다

'알았습니다'라는 말이 대체 뭐가 문제인지 모르는 사람도 있을 것이다. '알았다'라는 말은 어떤 사항을 이해했다는 의미지만 이 말에 상대를 존경하는 의미는 담겨 있지 않다.

상사나 선배 또는 고객에게 답을 할 때는 공손한 표현이 좋다. 이럴 때는 '잘 알겠습니다', '네, 염려 마세요' 또는 '그렇게 하겠습니다' 등의 표현을 해보자.

비즈니스에서는 대답의 방식과 상대하는 방법에 따라 일의 결과가 달라질 수도 있는 만큼 예의 바른 화법이 매우 중요하다. 예를 들어 '괜찮다'라는 말을 살펴보자. '괜찮다'라는 말은 긍정과 부정의 상반된 의미를 모두 갖고 있다. ○(긍정)인지 ×(부정)인지를 명확히 전달하지 못하여 상대방이 오해하면 업무에 차질이 생길 수 있다. 난처한 일을 만들지 않기 위해서라도 명확히 확인해야 한다.

요청받은 사항에 동의한다면 '네, 좋습니다'라고 말하고, 요청을 거절하는 것이라면 '아닙니다. 괜찮습니다'라고 말해보자. 앞뒤로 보완하는 말을 덧붙여 말하면 이러한 실수를 방지할 수 있다. 비즈니스에서는 상대를 혼란스럽게 하지 않는 배려도 필요하다.

평소 말에 담긴 의미를 잘 알아두고 한마디 한마디를 소중히 생각하는 마음을 갖자.

사회인다운 화법과 행동을 배우자

사회인의 언어는 친구 사이에 사용하는 언어와 크게 다르다. 또한 행동과 몸짓도 학생 때와는 달라져야 한다. 사회인으로서의 바른 언어와 정중한 표현, 공손한 행동을 확실히 알아두고 실수가 없도록 하자.

1. 비즈니스 언어

비즈니스 상황에서 학생 같은 말투는 금기라 해도 과언이 아니다. 신조어나 인터넷 용어를 거침없이 사용하는 젊은 세대 특유의 언어 습관은 신뢰감을 주기 어렵다. 신뢰감을 주는 표현을 살펴보자.

틀린 표현	바람직한 표현
미쳤다	칭찬하는 말로 쓰고 싶다면, '정말 좋다', '대단해', '훌륭해' 등
대박	칭찬의 감탄사라면, '대단해', '훌륭해', '멋지다' 등
까놓고, 솔까말	'솔직히 말씀드리자면', '가감 없이 말씀드리자면'
건 그렇고	'그보다', '그런데', '다른 이야기지만'
겁내 웃겨	'정말 재미있네요'
멍 때리다, 영혼 없이	'무심코', '아무 생각 없이'
헐	놀람의 표현이라면, '그렇습니까' 칭찬에 대한 대답이라면, '감사합니다', '아닙니다'
갠적으로	'제 생각에는'
이런 거잖아요	'알고 계시겠지만, 이것은 ○○입니다'
ㅇㅇ, ㅇㅈ	'확실히 그렇네요', '맞습니다'
오키	'알겠습니다'
짤 없음	'절대 안 됩니다'
아삽(ASAP)	줄이지 않고, '될 수 있는 한 빨리'

2. 인상을 좌우하는 행동

태도나 말투같은 말 이외의 부분이 인상을 좌우하는 요소가 되기도 한다. 다음 몇 가지 예를 살펴보자.

보통 행동	상대방에게 주는 인상
턱을 치켜든다	거만, 오만
다리를 꼰다	버릇 없어 보임
몸을 뒤로 한껏 젖히고 앉는다	건방짐, 거만함, 고자세
뒷짐 지기	손에 있는 것을 감춤, 불신감, 불안감 (뒷짐을 지면 자연스레 배를 내미는 자세가 되기 때문에 거만해 보일 수도 있다.)
양손을 허리춤에 대고 이야기를 나눈다	상대방을 낮춰 봄
눈을 굴린다	자신감이 없어 보임, 거짓말을 하는 것으로 보임
펜을 굴린다	상대의 이야기에 흥미가 없음, 귀담아듣지 않음, 불신감
턱을 괸다	의욕이 없음
얼굴이나 머리카락을 만진다	지루하고 흥미가 없음, 불신감
다리를 떤다	불안정, 집중하지 않음

3. 응대 표현

바른 높임말과 쿠션 언어를 쓰는 것만으로도 사회인다운 말투를 만들 수 있다. 상대가 불쾌하지 않을 응대 표현을 알아두자.

보통 표현	바람직한 표현
나	저
그 사람, 저 사람	그분, 저분
우리 회사	저희 회사, 폐사
같이 온 사람	동행하신 분
무슨 일이세요	실례지만, 어떤 용건으로 오셨어요?
어때요	어떠세요?
알았습니다	네, 알겠습니다
모릅니다	죄송하지만, 제가 잘 몰라서요, 다른 분께 지금 확인해보겠습니다. 잠시만 기다려주시겠어요?
안 됩니다	죄송합니다만, 아무래도 어렵겠습니다
괜찮아요	네, 그거면 충분해요, 좋아요
그래요	그렇습니다
자리에 없습니다	공교롭게도 지금 부재중이네요
저-	갑자기 죄송합니다만
잠깐만요	말씀 중에 죄송합니다만
물어볼 것이 있는데요	여쭤보고 싶은 것이 있는데, 잠깐 괜찮으세요?
괜찮다면	지장이 없으시다면, 괜찮으시다면
-해주세요	죄송합니다만, -해주실 수 있을까요?

4. 쿠션 언어

쿠션 언어	예시
실례지만	실례지만, 어디서 오셨는지 여쭈어도 될까요?
죄송하지만	죄송하지만, 이쪽에서 잠시만 기다려주시겠어요?
괜찮으시면	괜찮으시다면, B는 어떠세요?
번거로우시겠지만	번거로우시겠지만, 이쪽에 작성해주시겠습니까?
수고스러우시겠지만	수고스러우시겠지만, 당사 쪽으로 방문해주실 수 있을까요?
방해되지 않으신다면	방해되지 않으신다면, 지금 잠깐 방문해도 될까요?
아쉽지만	아쉽지만, 그날은 선약이 있어 참석이 어렵습니다.

7
높임말이 어려워요

높임말이라 하면 괜히 어렵게 느껴지지만,
기본적인 내용을 배우고 연습하면 누구나 자연스럽게 사용할 수 있다.

높임말은 상대에게 존경의 마음을 표현하는 것

높임말이란 상대에 대한 존경을 표현하는 것이다. 비즈니스에서는 상사나 선배는 물론 거래처 지인이나 고객 등 다양한 세대와 입장이 다른 상대를 만나게 된다. 이들과 원만한 관계를 유지하기 위해서는 철저한 높임말 사용이 필요하다. 올바른 높임말은 상대방에게 존중받는 느낌을 줄 수 있고 공손한 태도는 호의를 갖게 한다. 이는 곧 성공적인 비즈니스로 이어진다. 즉, 높임말은 사람과 사람 사이의 커뮤니케이션에서 빠뜨릴 수 없는 것이라 할 수 있다.

높임말을 어렵게 생각하는 사람이 꽤 많은데, 기본 지식을 익히고 주의를 기울여 연습하면 누구나 잘할 수 있다. 처음에는 어색한 부분이 있겠지만, 어렵다는 생각을 버리고 자연스럽게 입에 붙을 때까지 연습해보자. 높임말은 당신의 품격을 높여준다. 자연스럽게 높임말을 쓰는 사람은 어른스러워 보이기 때문에 상사나 선배 그리고 함께 일하는 고객에게 안도감과 신뢰감을 줄 수 있다.

높임말은 동작을 하는 사람이나 동작을 당하는 사람을 높이는 경우와 듣는 사람을 높이는 경우가 있으며, 높임말을 써야 할 때는 뜻이 있는 말을 사용하거나 문장을 '-습니다'로 끝내는 방법, '-께서-'나 '-시-'를 붙이는 방법 등이 있다. 이를 대상이나 역할, 장면에 따라 구별하여 사용한다. 사회인으로서 알아두어야 할 높임말 사용법과 주의 사항도 확인해보자.

높임말을 쓰면 상대를 존중하는 마음을 표현하는 것뿐 아니라 자신의 기분이나 마음가짐을 다잡는 데도 도움이 된다. 이를테면 원래 알고 지내던 친구를 우연히 거래처 담당자로 만났다고 가정해보자. 어느 날 오후, 같이 참석하는 미팅이 있어 두 사람은 회의 전에 점심을 함께하기로 했다. 점심시간에는 그냥 친구로서 친근하게 대화하며 편안한 시간을 가져도 문제가 없겠지만, 미팅이 시작되면 업무인 만큼 비즈니스 매너를 갖춘 말투와 태도로 분위기를 바꾸는 것이 필요하다. 비즈니스 관계로 만난 상황이니 당연히 업무 파트너로서 행동하겠지만, 사용하는 말투를 바꿈으로써 개인의 마음가짐도 자연스럽게 '비즈니스 모드'로 전환할 수 있다.

높임말을 배우자 Column 4

높임말은 어렵다는 생각을 버리고 늘 상대를 존중하는 마음을 가지는 것이 중요하다. 기본적인 공식이나 사용 규칙을 알면 비즈니스 상황에서 곤란할 일은 거의 없다.

1. 높임말의 종류와 법칙

높임법이란 말하는 이가 어떤 대상이나 듣는 이에 대하여 그의 높고 낮은 정도에 따라 언어적으로 구분하여 표현하는 방식이나 체계를 말한다. 높임 표현을 만드는 방법에는 크게 세 가지가 있다.

분류	의미와 실현 형태
상대 높임법	일정한 종결어미 '해라', '하게', '하오', '하십시오', '해요' 등으로 말을 듣는 사람을 높이는 표현
주체 높임법	'아버지께서 씨를 뿌리십니다', '어머니는 지혜로운 분이십니다' 등 말 속의 주어를 높이기 위해 선어말 어미 '-시-'를 붙여 표현
객체 높임법	'께', '-님', '저', '말씀' 등 말 속의 목적어에 대하여 특수한 어휘를 써서 남을 높이거나, 자신을 낮춤으로써 상대를 높이는 방법 (예. 선생님, 저희 어머니는 할머니께 매달 용돈을 드리십니다)

2. 높임 표현 어휘

우리말에는 존대의 뜻을 지닌 말들이 있다. 모든 단어에 높임 표현이 있지는 않지만, 직장에서 상사를 대하거나 업무상 다른 사람을 만날 때, 또는 고객을 접대할 경우에는 적절한 어휘를 사용해야 한다. 높임을 표현하는 어휘에는 존경어, 겸양어 등이 있다.

존경어는 사람이나 사물을 높여서 이르는 말로 '아버님', '선생님' 등의 직접 높임말, '진지', '따님', '아드님' 등의 간접 높임말, '뵙다', '여쭙다', '드리다' 등의 객체 높임말이 있다. 겸양어는 자기를 낮춤으로써 상대편을 높이는 말로 '저희', '여쭈다' 등의 표현이 있다.

품사	예사말	존경어	겸양어
명사	말 나이 밥 병 집	말씀 연세 진지 병환 댁	말씀
대명사	그 사람 나 너 우리	그 분 선생	저 저희
동사	주다 묻다/말하다 보다 자다 먹다 있다 죽다 데리다 가다	주시다 말씀하시다 보시다 주무시다 잡수시다, 드시다 계시다 돌아가시다 모시다 가시다	드리다 여쭙다/말씀드리다 뵙다 찾아뵙다
조사	-이/가 -에게	-께서 -께	
접미사		-님	

➔ '말씀'은 말의 존경어이지만, 때로는 자신을 낮추는 겸양어로도 쓰인다. 그리고 '저/저희'도 같은 경우로 쓰인다.

3. 일상 속 잘못된 높임말

학창시절 아르바이트 경험을 살려 정중하게 높임말을 썼는데, 높임말이 이상하다거나 제대로 된 높임말을 쓰라는 등 지적을 받아본 적이 있을 것이다. 사실 패밀리 레스토랑이나 편의점 등에서 잘못된 높임말을 빈번히 사용하고 있어서 이런 웃지 못할 상황이 종종 연출된다. 대표적인 예를 살펴보고 자신이 습관적으로 쓰던 말이 틀린 표현은 아닌지 점검해보자.

① 이중 높임

한 개의 말에는 높임 표현이 한 번만 등장해야 한다. 정중하게 말하려는 의지가 과하여 중복으로 높임말을 사용하게 되는 일이 있는데, 이를 '이중 높임'이라 한다. 이중 높임은 잘못된 표현으로, 이런 표현을 사용하면 높임말에 능숙하지 않은 사실을 상대방에게 알리는 것이므로 특히 주의하자.

예) 손님께서 곧 오신다고 하셨습니다 (×)
　　손님이 곧 온다고 하셨습니다 (○)

② 존경어와 겸양어의 혼동

자신에게 사용해야 하는 말인 겸양어에 존경어를 붙이거나, 반대로 존경어 뒤에 겸양어를 이어 쓰는 등 혼동하여 사용하는 것도 잘못된 사용법이다. 누구에게 사용하는 말인지 늘 의식해야 한다.

예) 말씀: 행위의 주체와 대상에 따라 구분한다.
- 자신이 말할 때: '이렇게 말씀드린 대로'
  → 자신의 행위이므로 '말씀드리다'(겸양어)를 사용한다.
- 상대가 말할 때: '손님께서 말씀하신 대로'
  → 상대의 행위이므로 '말씀하시다'(존경어)를 사용한다.

③ 간접 존대의 과한 사용
높여야 할 대상의 신체 부분, 성품, 심리, 소유물과 같이 주어와 밀접한 관계를 맺고 있는 대상을 높이는 것을 말한다.

예) 존대를 나타내는 선어말 어미 '-시-'
- 눈이 크시다. 걱정이 많으시다. 넥타이가 멋있으시다. (○)
- 회비는 2만 원이십니다. 말씀하신 부품은 재고가 없으십니다. 커피 나오셨습니다. (×)
  → 청자의 소유물이나 관계가 밀접하지 않을 때는 높일 필요가 없다.

④ 상대 높임 혼동
평소에는 틀리지 않던 사람들도 갑자기 높임말로 바꾸어 말해야 할 때는 말이 꼬여 실수하는 일이 많다. 갑작스런 질문을 받더라도 당황하지 말고 차분하게 대답하면 된다. 상대의 말에 휩쓸려 높일 대상을 혼동하지 않도록 주의를 기울이자.

예) '박 팀장님 계십니까?'
- 전화를 건 사람이 찾는 사람(박 팀장)보다 나이나 직급이 위인 경우
  → 네, 박 팀장 말씀이시군요. 있습니다.
- 전화를 건 사람이 찾는 사람(박 팀장)과 나이나 직급이 동등하거나 아래인 경우
  → 네, 박 팀장님 말씀이시군요. 계십니다.

4. 그 외 직장에서 주의해야 할 높임 표현

직장 내에서 부적합한 호칭이나 높임법을 사용하면 상대방을 불쾌하게 만들 수 있으니 주의해서 사용하도록 한다. 특히 자신과 상대방의 관계, 직위, 연령 등에 적합한 호칭과 높임법을 사용해야 한다.

- 상사에게는 '유 부장님', '박 팀장님' 등 성과 직위 다음에 '님'의 존칭어를 붙인다.
- 상사에게 '수고하셨어요'라는 표현은 하지 않는다. 상급자, 연장자에게는 '고생하셨습니다' 등으로 표현한다.
- 상사에게 자신을 호칭할 경우 '정 과장', '인사팀장' 등 성과 직위나 직급 또는 '저'라고 표현한다.
- 상사에 대한 존칭은 호칭에만 써야 하므로 '사장님실'이 아니라 '사장실'로 표현한다. 또한 문서 작성 시에도 존칭은 생략한다.
- 다른 회사를 지칭할 때는 귀사 등으로 표현한다.
- 다른 기업의 사람과 이야기하거나 대외적인 자리에서는 자신의 상사를 이야기할 경우도 상사에게 높임말을 사용하지 않는다. 예를 들어 '김 부장님께서는 현재 출장 중이십니다'가 아니라 '김 부장은 현재 출장 중입니다'로 표현해야 한다.

8. 소통 능력이 평가를 좌우한다?

직장 내에서 평판이 좋은 사람들은 모두 커뮤니케이션에 능하다.
직장 커뮤니케이션의 포인트를 알아보자.

업무 현장에서 빛을 발하는 소통 능력

회사에서는 업무 능력 말고도 중요한 것이 있다. 그것은 사람과의 관계를 만드는 능력, 이른바 소통하는 능력이다. 회사원은 회사라는 조직 안에서 자신에게 주어진 일을 책임감 있게 해내고 팀워크를 통해 성과를 낸다. 즉, 비즈니스의 핵심은 인간관계다.

회사의 원칙과 비즈니스 매너를 지키고 상대방을 배려하여 함께 생활하기 편안한 환경을 만들어가는 것은 회사의 구성원으로서 중요한 역할이다. 직장 커뮤니케이션의 다섯 가지 포인트를 살펴보자.

1. 상사와 선배를 존중한다

인생 선배이자 직장 선배로서 존중하는 마음을 가진다. 또 아무리 가까워도 공과 사를 구분할 줄 알아야 한다. 불편한 상대라도 단점보다 장점을 보려고 노력하며 그 존재 자체를 인정하자.

2. 감사의 마음을 표현한다

상사나 선배들은 바쁜 가운데 짬을 내어 일을 가르쳐주고 있는 것이니 감사하는 마음을 그때마다 표현하자. '고맙습니다'라는 말 한마디를 잊지 않도록 한다.

3. 지적이나 충고를 겸허한 마음으로 듣고 왜곡 없이 받아들인다

기대하지 않는 직원에게는 굳이 힘을 들여 지적하거나 충고하지 않는다. '아니 그게 아니라…', '그런데…'라며 변명하지 말고 겸허한 마음으로 받아들이자. 실수는 솔직하게 인정하고 자기반성을 통해 행동을 고쳐나가자. 이것은 성장의 비결이기도 하다.

4. 팀워크를 발휘한다

일은 함께하는 것이다. 다른 사람의 일에도 먼저 나서서 도움을 주도록 한다. 주위 사람이 어떤 일을 하고 있는지 관심을 갖고 자신의 업무와 관련이 있는지 늘 생각해보자.

5. 적극적인 태도로 업무에 임한다

늘 밝게 '네'라고 대답하며 사람들이 싫어하는 일이나 사소한 일도 솔선해보자. 특히 신입사원은 자신 없는 일이라도 싫은 내색 없이 적극적으로 임하는 자세가 중요하다.

비즈니스는 혼자 하는 것이 아니다. 조언을 주고받거나 협력할 수 있는 인간관계를 스스로 만들어나가자.

인사

9. 인사는 왜 해야 할까

인사를 제대로 못 하는 사람 중에 일 잘하는 사람은 없다는 말이 있을 정도로 인사는 매우 중요하다. 다양한 상황에 알맞은 인사를 알아두자.

상대가 알지 못하는 인사는 의미가 없다

사람 사이의 만남은 모두 인사에서 시작한다. 인사는 커뮤니케이션의 기본이다. 아무리 업무 스킬이 뛰어나고 일 처리가 빨라도 제대로 인사를 할 줄 모른다면 '쟤는 인사도 못 하네, 별로야'라는 평가를 받을 수밖에 없다. 그만큼 인사는 중요하다.

'안녕하세요', '감사합니다'와 같은 인사말은 굳이 소리 내어 말하지 않고 고개를 숙이면 충분하다고 생각할 수 있다. 하지만 당연하다고 여겨 넘길 수 있는 것을 착실히 행하는 것, 이것이 매너다.

인사는 사회인에게 가장 먼저 요구되는 것이라 해도 과언이 아니다. 밝고 건강한 인사는 함께 일하는 사람들에게 활력을 불어넣는다. 그렇기 때문에 신입사원으로서 중요한 업무를 해낼 수는 없더라도, 누구보다 열정이 가득하다는 느낌의 인사를 하는 것은 가장 중요한 역할이자 무기다.

'인사$_{人事}$'라는 한자에는 '사람'의 '일'이라는 의미가 있다. 즉, 사람과 사람 사이의 일이 시작되는 것, 그것이 인사다.

인사의 본질은 '상대의 존재를 인정하는 것'이다. 인사를 하지 않거나 인사를 했어도 전달되지 않았다면, 상대방은 자신의 존재를 무시한다고 느낄 수 있다.

> **인사 = 미소 + 말 + 고갯짓 + 눈 맞춤**

이 네 가지 모두가 박자를 맞추어 고루 이루어져야 비로소 '제대로 된 인사를 하는 사람'이 될 수 있다. 밝게 웃는 얼굴로 활기차게 '안녕하세요!'라고 말하며 고개 숙여 인사한다면 호감도를 200% 높일 수 있다.

인사의 포인트

- **I**mmediately (즉시): 상대가 먼저 인사하면 늦은 것이다.

- **N**ext (다음): '안녕하세요. 오늘도 날씨가 좋네요'처럼 다음 말을 +α로 더하면 호감을 줄 수 있다.

- **S**mile (미소): 인사의 기본은 밝은 목소리와 미소다. 인사를 했지만 상대에게 들리지 않으면 의미가 없다.

- **A**lways (항상): 당신이 기분이 좋지 않은 것을 상대는 알 수 없다. 누구에게든 항상 밝게 인사하자.

인사 TPO를 배우자　　　　　　　　　　　　　　　　Column 5

비즈니스에서의 하루는 인사로 시작해서 인사로 끝난다. 언제, 어디서, 어떤 인사를 하면 좋을지 다양한 상황에 어울리는 인사를 알아보자.

· **출근**

✗　사원 : 안녕하세…. (중얼중얼…) (착석)
　　상사 : 인사를 하는 거냐? 마는 거냐?

○　사원 : 안녕하세요! (꾸벅)
　　상사 : 아, 최성실 씨, 왔어요? 역시 에너지가 넘치네! 나까지 힘이 나는걸!

➔ 일을 시작할 때, 밝고 활기차게 인사하면 동료들의 의욕도 고취된다.

· **외근**

✗　사원 : '헉, 이런. 거래처 미팅 시간에 늦겠는걸' (허둥지둥 말없이 나간다.)
　　상사 : 어, 최성실 씨는 어디 갔나?'
　　동료 : 글쎄요.
　　상사 : 나 원 참….

○　사원 : '이제 나가야 할 시간이네' 중앙물산 다녀오겠습니다!
　　상사 : 어, 그래, 잘 다녀와요. 차 대리님께도 안부 전해주고.

➔ 외출할 때는 '(○○에) 다녀오겠습니다'라고 인사하여 주위 사람에게 알리고, 돌아왔을 때는 돌아온 것을 알리며 '다녀왔습니다'라고 밝게 인사한다.

- 상사나 동료가 외근 후 복귀

    ✗ 상사 : 다녀왔습니다.
    사원 : 어서 오세요. 수고하셨습니다.
    상사 : 수고했다니, 자네가 내 상사인가?

    ○ 상사 : 다녀왔습니다.
    사원 : 다녀오셨어요. 힘드셨지요.
    상사 : 어휴, 힘드네.

➜ '수고하다'라는 말은 윗사람이 아랫사람에게 쓰는 말이다. 손윗사람에게 사용하면 실례가 된다. 상사나 동료를 격려할 때는 '고생 많으셨습니다', '힘드셨지요' 등의 표현이 좋다.

- 퇴근

    ✗ 사원 : 아, 피곤하다, 이제, 퇴근해야겠다. '아, 팀장님이 통화 중이시네. 어쩔 수 없지' 먼저 가보겠습니다.
    (잠시 후)
    상사 : 누구 나대용 씨 못 봤나?
    선배 : 조금 전에 퇴근했습니다.
    상사 : 나 원 참, 인사도 안 하고 먼저 갔어?!

    ○ 사원 : 아, 피곤하다, 이제 퇴근해야겠다. '팀장님 통화 중이시네. 기다렸다가 인사 드리고 가야지. 아, 끝났다' 팀장님 먼저 들어가 보겠습니다.
    상사 : 어어, 그래, 수고했어요.

➜ 상사에게 아무 말 없이 퇴근하는 행동은 절대 금지다. 급한 상황이어도 '먼저 가보겠습니다' 하며 정중히 인사하자. 어물어물 생략해서 말하는 것은 좋지 않다. 퇴근할 때 보이는 행동이 신뢰할 수 있는 사람인지 아닌지 평가하는 척도가 될 수 있으므로 주의하자.

· **회의실 출입**

  ✗ 사원 : '3시부터 회의였지. 일찍 가서 준비해야지' (말없이 문을 연다.) (회의실에서 팀장이 거래처와 회의 중이었다.) 앗, 죄송합니다. (황급히 문을 닫는다.) 으, 깜짝이야.
  상사 : (고객에게) 죄송합니다.

  ○ 사원 : '3시부터 회의였지. 일찍 가서 준비해야지' (똑똑) 실례합니다.
  (회의실 안쪽에서) 네.
  사원 : 아, 실례했습니다.

➡ 회의실이나 응접실은 사용 전에 반드시 예약해두어야 한다. 또 예약한 시간이어도 누군가 이야기 중일 수 있으니, 우선 '실례합니다' 하고 한마디 건네어 비어 있는 것을 확인한 후에 문을 연다. 만약 '네'라는 소리가 들리면 '들어오세요'라는 대답을 들은 뒤에 입실하는 것이 좋다. 회의가 끝난 후 먼저 퇴실할 때도 '먼저 실례하겠습니다'라고 한마디 남기는 것이 예의다.

· **업무를 지시받을 때**

  ✗ 상사 : 그럼, 이 서류는 정 팀장님에게, 이 자료는 신 차장님에게 보내줘요.
  사원 : 아아, 네.
  상사 : 무슨 말인지 알겠어? (불안)

  ○ 상사 : 그럼, 이 서류는 정 팀장님에게, 이 자료는 신 차장님에게 보내줘요.
  사원 : 네. 알겠습니다. 이 서류는 정 팀장님께, 이 자료는 신 차장님께요.
  상사 : 응, 부탁할게. (안심)

➡ 일을 부탁받았을 때는 상대의 눈을 보며 '네, 알겠습니다'라고 대답한다. 소리 내어 내용을 재확인하여 말하면 실수를 방지하면서 일을 부탁한 사람도 안심시킬 수 있다.

· **손님이 방문했을 때**

　✕　(상사와 회의를 마친 손님이 회의실에서 나온다.)
　　　사원 : (탁탁탁… 키보드만 두드린다.)
　　　상사 : ○○ 씨, 손님이 돌아갈 때는 제대로 인사를 해야 하지 않나?!

　○　(상사와 회의를 마친 손님이 회의실에서 나온다.)
　　　사원 : (일어서서) 감사합니다. 조심히 들어가세요.
　　　고객 : 네, 고마워요. 그럼 가보겠습니다.

➡ 손님이 방문했을 때는 반가운 마음을 담아 인사한다. 손님이 돌아갈 때는 다른 일을 하던 중이더라도 잠시 멈추고 일어서서 인사한다. 통화 중이라면 그 자리에서 가볍게 눈인사를 하자.

· **급한 상황에 상대를 앞서가야 할 때**

　✕　사원 : '큰일이다, 빨리 가야겠다. 아, 부장님이네' (라고 생각하며 말없이 앞질러 간다.)
　　　상사 : (인사도 없이 누구야?!)

　○　사원 : '큰일이다, 빨리 가야겠다. 아, 누가 있네'
　　　(앞질러야 하는 사람의 옆쪽에서 잠시 멈추어 '실례합니다'라고 인사한 뒤 발길을 재촉한다.)
　　　팀장 : 네, 조심히 다녀와요.

➡ 회사 안에서는 뛰지 않는다. 하지만 부득이하게 급한 상황이어서 빠른 걸음으로 상대를 앞질러 가야 할 때는 '실례합니다. 잠시 지나가겠습니다'라고 한마디 남기도록 하자.

· 마주 보며 지나칠 때

　　✕　사원 : '아, 중앙물산의 임 팀장님이다. 아, 귀찮아. 모르는 척하자' (상대와 눈
　　　　을 마주치지 않으려 서류로 눈을 돌리며 지나쳐 간다.)
　　　고객 : 안녕하세요. '지금 못 본 척하려던 걸까?'

　　○　사원 : '아, 중앙물산의 임 팀장님이다' (웃는 얼굴로 다가가 멈춰서) 임 팀장님,
　　　　안녕하세요.
　　　고객 : 네, 안녕하세요.

➡ 다른 사람을 지나쳐 가야 할 때는 일단 멈추어 인사를 하는 것이 좋다. 잠시 멈추어 소리 내어 인사하는 것만으로 정중한 인상을 줄 수 있고 이것이 신뢰로 이어진다. 상대가 이야기 중일 때는 말을 걸지 않고 인사하며 지나간다.

· 계단을 내려가다 맞은편에서 올라오던 고객을 만났을 때

　　✕　사원 : '아, 중앙물산의 임 팀장님이다' (높은 쪽 계단에 서서) 안녕하세요.
　　　고객 : (올려다보며) 아, 안녕하세요. '날 내려다보며 인사를 하니 기분이 좋지
　　　　는 않군'

　　○　사원 : '아, 중앙물산의 임 팀장님이다' 임 팀장님. (서둘러 계단을 내려가) 안
　　　　녕하세요. 항상 많이 도와주셔서 감사합니다. 오늘은 무슨 일로 오셨
　　　　어요?

➡ 고객보다 높은 위치에 서는 것은 기본적으로 좋지 않다. 계단에서 고객을 발견하면 서둘러 그 위치까지 내려가 멈춰 서서 인사하자. 반대로, 계단을 오르는 중에 내려오던 고객을 만났을 때는 자신이 먼저 계단을 올라가 인사하는 것이 좋다. 고객이 움직이는 것이 아니라 자신이 움직여 다가가는 것이다.

10 고개 숙이면 인사한 것 아닌가요?

인사를 제대로 할 줄 아는 것은 어엿한 사회인이 되기 위한 필수 조건이다.
바르고 공손하게 인사하는 방법을 알아보자.

인사는 상대를 존경하는 마음을 행동으로 나타내는 것

사회인이 되기 전에는 누군가에게 고개를 숙여본 적이 없는 사람도 있을 것이다. 하지만 인사할 때나 부탁할 때, 감사의 마음을 전할 때, 사과의 말을 전할 때 등 다양한 비즈니스 상황에서는 언제 어디서나 인사가 필수다. 우선 인사의 기본 형태를 알고 몸에 익히는 것부터 시작해보자. 단지 고개만 숙이면 될 것 같지만 의외로 쉽지 않다.

정중한 인사는 말과 동작을 따로 한다. 이것을 '분리형 인사법'이라고 한다. 말과 동작을 같이 하는 것은 '동시형 인사법'이다. '동시형 인사법'은 인사하는 말이 바닥을 향하게 되어 상대방에게 잘 전달될 수 없다. 먼저 인사말을 건넨 다음 몸을 움직이는 것이 바람직하다. '공손함'과 '반듯함'을 갖추어 존경하는 마음이 상대에게 닿을 수 있도록 인사하자.

인사의 기본은 곧은 자세

11 인사에도 종류가 있다?

다양한 상황에서 이루어지는 인사는 각각 다른 의미와 역할을 가진다.
TPO에 맞춘 인사로 똑소리나게 행동하자.

인사법은 TPO에 따라 달라진다

상황에 따라 인사법을 바꿔보자. 공손하게 인사하는 것은 좋지만, 횡단보도 한가운데서 길을 막고 인사를 한다면 다른 사람에게 방해가 된다. TPO를 생각하지 않은 인사는 주위에 불편을 줄 수 있으니 때와 장소, 상황을 고려하여 인사할 수 있도록 한다.

  인사는 크게 세 종류로 나눌 수 있다. 기본이 잘 잡혀 있으면 응용하기도 어렵지 않다. 상호 관계나 상황에 따라 임기응변으로 유연히 대처할 수 있도록 몸에 익혀두자.

인사의 종류

가벼운 인사 — 15°
- 다른 사람과 지나쳐 갈 때
- 회의실에 입실·퇴실할 때
- 좁은 공간에서 인사할 때

보통의 인사 — 30°
- 일상에서의 인사
- 고객 맞이·배웅
- 거래처 방문·복귀 시
- 상사의 지시를 받을 때

정중한 인사 — 45°
- 감사나 사죄를 나타낼 때
- 공식 석상에서 인사할 때
- 무리한 부탁을 할 때
- 면접 시 인사할 때

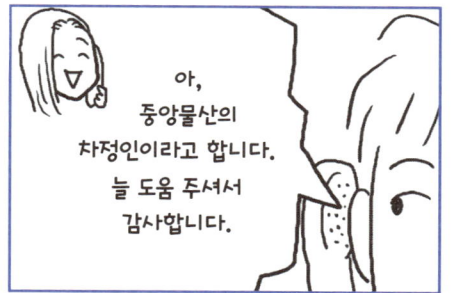

12
처음 만난 사람에게 왜 '감사합니다'라고?

업무를 할 때 누구나 '감사합니다'라고 인사하는 데는
비즈니스의 구조적인 특징이 반영되어 있다.

당신의 월급은 고객이 주는 것과 마찬가지다

업무상 전화를 하거나 안내데스크에 가면 항상 '고생 많으십니다', '감사합니다'라는 인사를 들을 수 있다. 메일에도 자주 사용한다. 모르는 사람이나 처음 만난 사람에게 왜 '항상 감사합니다'라고 해야 할까. '나는 신세진 적이 없는데…' 라고 생각할지도 모른다.

당신은 실제로 만난 적이 없어도 거래 중인 회사의 직원이라면 회사의 일원인 당신도 반드시 관련이 있는 사람이다. '△△회사의 ○○입니다'라고 자기소개를 하는 것은 당신이 지금 회사의 대표로서 회사 이름을 걸고 그 사람과 대면하고 있다는 것이다.

회사는 고객에게 상품과 서비스를 제공함으로써 수익을 올리며, 그 수익으로 구성원의 급여를 지급한다. 즉 당신의 월급은 고객이 내주는 것과 마찬가지다. 말하자면 그 누구보다 감사해야 하는 것이다.

고객과의 만남에 감사하는 마음을 담아 '항상 감사합니다'라고 인사한다. 그것이 사회인으로서의 매너다. 전화를 받자마자 '감사합니다'라고 하여 잘 들어보면 스팸 전화였던 경험이 있을 것이다. 그래서 더욱 형식적인 인사는 무의미하다고 생각할 수도 있다. 하지만 그것이 전부가 아니다. 달리 생각해보면 상대가 아직 당신의 고객이 아니더라도 앞으로 거래가 시작되면 고객이 될지도 모른다. 그러니 그럴 때는 '죄송합니다만, 회의 시작 전이라 통화하기가 어렵습니다'와 같은 말로 에둘러 거절하고 정중함을 잃지 않는 태도로 대응하자.

13
휴가를 낼 때도
허락을 받아야 할까?

유급 휴가는 당신이 쉬는 날일 뿐 회사는 휴일이 아니다.
쉴 권리를 누릴 수 있도록 지원해주는 사람들에게 고마움을 잊지 말자.

당신이 쉬는 사이에도 회사는 돌아간다

유급 휴가란 말 그대로 급여를 받으며 쉬는 휴가로, 일정 기간 근속하면 지급되는 휴가다. 유급 휴가를 자신의 당연한 권리라고 생각해 왜 상사의 허락이 필요한 것인지 의문이 드는 사람도 있을 것이다.

왜 허락이 필요할까? 그 이유는 당신이 쉬고 있는 사이에도 일은 진행되고 있기 때문이다. 당일 직전에 휴가를 신청하여 업무 스케줄을 급히 조정해야 한다면 주위를 곤란하게 할 수 있다. 휴가를 내고 싶은 날짜가 정해졌다면 상사나 직장 동료에게 바로 알리자.

또 당신이 쉬는 동안 당신에게 걸려오는 전화나 방문 고객은 선배나 동료, 상사가 대응해야 한다. 휴가 동안 대신해줄 수 있도록 부탁하고, 서류는 누가 봐도 알 수 있도록 메모를 남겨두는 등 정리정돈을 해두자. 직장 동료들은 자기 일도 하면서 당신 일도 지원해주는 것이다. 휴가를 낼 수 있게 도와준 것에 감사한 마음과 더불어 업무를 더하게 된 것에 대한 미안한 마음을 성의껏 전한다.

휴가를 내는 날은 자신뿐 아니라 직장의 업무 진행 상황도 고려해 정해야 한다. 대규모 프로젝트가 진행되고 있거나 캠페인 기간 등 바쁜 시기는 피하는 것이 좋다. 동료들과 스케줄을 조정하는 등 주위를 배려하는 자세가 필요하다. 휴가 전날에는 '내일 휴가입니다. 잘 부탁드려요'라고 다시 한 번 부탁의 말을 전하고, 휴가에서 복귀한 뒤에는 '잘 다녀왔습니다. 감사했습니다'라는 감사의 말을 잊지 않도록 하자.

14
임신이나 퇴직 보고, 타이밍이 중요해?

임신이나 퇴사 소식 등 자신에게 중대한 일은 회사에게도 중요한 일이다.
'타이밍'과 '순서'를 고려하는 세심한 배려가 필요하다.

임신 사실은 우선 신뢰할 수 있는 상사에게

기다리던 임신을 했다면 기뻐서 당장이라도 모두에게 소식을 알리고 싶을 것이다. 직장 사람들에게도 함께 일하는 동료의 기쁜 소식은 축하할 일이다. 하지만 시기나 상황에 따라 진심으로 축하한다는 말을 하기 어려울 수도 있다. 회사 차원에서는 소중한 전력이 잠시 멀어지므로 일에 차질이 없도록 업무 변경 또는 분담을 고민해야 한다. 회사의 원활한 업무 대응을 위해 조기에 알리는 것이 좋다.

아기의 심장 소리가 확인되고 임신이 확정되면 우선 신뢰할 수 있는 상사에게 보고한다. 그 후 안정기에 들어서면 회사 측이 업무 조정과 인원 충원 등 사전 준비를 여유 있게 할 수 있도록 인사 부서나 동료에게도 소식을 전하자. 출산이나 육아 휴직 정도만 쉴지 그 이상 쉴지, 또 복귀 후에는 어떻게 일하고 싶은지 등 경력 관리 계획을 가족과 상의하고 방향이 정해지면 상사에게 보고한다.

임신 초기에는 급격한 컨디션 변화가 일어날 수 있기 때문에 동료들의 협조가 더욱 필요하다. 사전에 양해를 구하고 업무에 차질이 없도록 노력하는 자세를 보여주는 것이 중요하다. 남성도 아내의 몸 상태에 따라 통원에 동행해야 하는 등 업무에 영향을 줄 수 있으므로 미리 보고하는 것이 바람직하다. 출산을 위해 퇴직을 신청할 때는 회사 내규에 따라 퇴직계를 제출한다. 퇴직계가 수리되면 매뉴얼이나 인수인계서를 작성하여 원만한 인수인계가 이루어지도록 준비하자.

15
늦잠을 자버렸다?
변명도 사회인답게!

늦잠과 같은 실수는 보고와 마무리가 중요하다.
당황한 마음을 진정하고 이성적으로 대처하여 실수를 만회하자.

변명보다 출근 가능한 시간부터 알린다

늦잠으로 지각하는 것은 사회인으로서 매우 부끄러운 실수다. 이런 초보적인 실수는 자기관리 능력을 의심받게 된다. 평소 책임감을 갖고 신입사원으로서 긴장감을 유지하여 절대 이러한 실수를 하지 않도록 조심하자.

만약 늦잠을 잤을 때는 바로 직속 상사에게 연락하여 어설픈 핑계가 아니라 '늦잠을 잤습니다. 정말 죄송합니다. 앞으로 주의하겠습니다'라고 솔직하게 말하고 사과한다. 그리고 '지금 바로 출발하면 11시에는 회사에 출근할 수 있습니다. 정말 죄송합니다'라고 가능한 출근 시간을 보고하고 최대한 서둘러 출근하는 것이 제일이다. 부리나케 나온 모습이 풀메이크업에 머리 세팅까지 완벽할 리는 없다. 어떻게든 한시라도 빨리 출근하는 것이 최우선이다.

전철이나 버스 등 교통 상황에 의한 지연으로 늦어질 때는 바로 회사에 연락하고, 지연 상황과 도착 예상 시각을 간결하게 전달한다. 일정 시간 지연이 발생할 경우에는 교통공사나 철도회사 등에서 지연증명서를 발행해준다. 증명서는 지각의 원인이 교통 기관에 있다는 것을 공식적으로 증명하는 것이므로 반드시 받아서 회사에 제출하자.

아침에 고열이 나는 등 갑작스러운 이상 증상으로 출근할 수 없을 때는 업무 시작 시간 10분 전까지 상사에게 연락을 하도록 한다. 이야기하기 편하다는 이유로 친한 선배에게 전달을 부탁하는 것은 바람직하지 않다. 상사에게 직접 연락하는 것이 예의다. '갑자기 정말 죄송합니다'

라고 먼저 말하고 '열이 심해 병원에 가보고 쉬어야 할 것 같습니다. 그래도 될까요?'라며 본인의 상태를 알리고 의견을 구한다. 일방적인 통보는 옳지 않다.

상사의 허락을 얻으면 업무에 지장을 주지 않도록 그날 예정된 스케줄을 전달하고, 긴급한 건이 있으면 대신할 사람을 찾아두는 등 조치하는 것도 잊지 말자.

침대에서 일어날 수 없거나 의식이 없는 중증이 아닌 이상, 본인 스스로 연락한다. 말하기 어렵다는 이유로 가족에게 연락을 부탁하거나 문자 메시지를 보내는 등의 행동은 사회인으로서 자격이 없다.

3장
명함 교환

16
처음 생긴 내 명함, 명함도 사용법이 있다?

명함이란 무엇이며 어떻게 다루어야 할까?
사회인의 도구로써 상징적인 의미를 가진 명함에 대해 알아보자.

한 사람의 분신 같은 명함

비즈니스에서는 명함을 다룰 기회가 많다. 다음의 명함을 살펴보자.

```
                                    주식회사 무한상사
영업부 기획과
나 대 용

우) XXXXX / 서울 마포구 ○○로 ○○ 5층
TEL) 02-XXXX-XXXX
E-mail) XXXXX@XXX.com
URL) XXXXXXXX
```

회사명, 연락처 그리고 당신의 이름이 적혀 있다. 당신의 정보가 또렷이 담겨 있는 명함은 당신의 분신과 다름없다. '나의 분신'이라고 생각하면 왠지 더 소중하게 느껴질 것이다. '이까짓 게 무슨, 명함 따위 종잇조각일 뿐이지 않나?'라고 생각하는 사람이라면 누군가 나의 명함을 구기거나 더럽힌다고 생각해보자. 왠지 모르게 기분이 좋지 않을 것이다.

일본에서는 한 도지사의 명함을 부하 직원이 구긴 일이 큰 문제가 된 적이 있다. 미디어에 거론될 만큼 떠들썩했다. 명함은 그 정도로 중요한 것이다. 상대방의 명함은 그 사람의 분신이다. 즉, 명함을 받는다는 것은 상대방의 분신을 받는다는 것이다. 그렇기 때문에 명함은 진심을 담아 소중하게 다루어야 한다.

17
명함은 잘 전달했는데, 뭐가 문제였을까?

명함 교환은 보통 새로운 거래를 시작할 때 이루어진다.
수십 번, 수백 번씩 이루어지는 일인 만큼 능숙하게 교환할 수 있도록 하자.

명함은 '앞으로 잘 부탁드린다'는 의지를 전달하는 것

첫 만남에서 이루어지는 '명함 교환'은 앞으로의 교류를 위해 인사하는 의미다. 또한 당신을 소개하고 상대를 알기 위한 절차이기 때문에 비즈니스에 있어서 매우 중요한 순간이다.

　명함 교환 순서가 되면 명함을 건네는 데에만 신경이 집중되어 오히려 다른 부분은 소홀해질 수 있는데, 본래의 목적은 어디까지나 인사를 하는 것과 당신을 소개하는 것이다. 명함은 이를 위한 도구일 뿐이라는 사실을 명심하자.

　상대방에게 확실히 전달되도록 밝고 활기찬 목소리로 자신의 이름을 밝히는 것은 물론, 발음하기 어려운 이름이나 틀리기 쉬운 이름은 조금 천천히 말하면 원만하게 명함을 교환할 수 있다.

　앞으로 거래를 시작하는 상대에게는 예의를 갖추어 명함을 나눈다. 명함은 반드시 일어서서 교환한다. 가방 같은 짐을 든 채로 명함을 교환하는 것은 실례이므로 작은 짐이라도 일단 내려두고 교환한다(작은 짐은 의자 옆, 또는 의자 등받이에 두고 큰 짐은 발밑에 둔다).

Let's Try! 명함 교환

명함 교환은 서로를 대하는 첫 순간이다. '웃는 얼굴'과 '웃는 목소리'로 명함 교환을 해 보자(웃는 목소리란 웃는 얼굴이 연상되는 목소리를 말한다). 건넬 때는 '상대를 보며 미소 짓기'가 포인트! 기본적인 명함 교환 방법을 알아보자.

1. 건넬 때

❶ 상대를 만나기 전에 명함지갑을 꺼내 건넬 준비를 한다.

❷ 명함이 더럽지는 않은지 확인한다. 가끔 자신이 다른 사람에게 받은 명함을 착각하여 잘못 꺼내는 경우도 있으니 주의한다.

❸ 상대가 오면 자리에서 일어나 상대의 가슴 높이에서 명함이 오도록 명함을 전달한다.

❹ 상대의 눈을 보며 회사명과 이름을 소개한다.

2. 받을 때

❶ 상대가 소개하고 명함을 내밀면 '감사합니다'라고 덧붙이며 두 손으로 받는다.

❷ 받은 명함은 바로 넣지 않고 상대방의 회사명과 이름을 읽어 확인한다.

❸ 자리에 앉으면 받은 명함을 명함지갑 위에 올려놓는다(함부로 다루는 일이 없도록 주의 또 주의).

18 센스 있는 명함집 고르기!

명함집은 당신의 인상을 좌우하는 데도 한몫한다.
디자인과 기능성을 함께 고려하여 신중히 고른다.

비즈니스 미팅에 적절한 것을 고른다

명함은 구부러지거나 더러워지지 않도록 명함집에 보관한다. 명함집은 직장인의 필수 아이템이다. 교통카드 케이스나 지갑에서 명함을 꺼내는 것은 실례이므로 전용 명함집을 따로 준비해야 한다. 업무로 찾아온 사람이 갑자기 지갑을 꺼낸다면 당신도 의아할 것이다.

명함지갑은 고급스러운 가죽과 금속으로 된 하드케이스 타입 등 다양한 디자인과 기능을 가진 것이 있다. 가죽 제품은 가방이나 구두와 코디하기도 좋다. 호감도를 높일 수 있는 방법이다.

명함지갑은 다른 사람의 눈에 띄는 물건이므로 화려한 디자인이나 캐릭터가 그려진 것은 피하고 심플한 것을 고른다. 고가가 아니어도 괜찮다. 어디까지나 비즈니스에 적절한 것을 고르자.

무엇보다 자신의 명함과 상대의 명함이 섞이지 않도록 수납 부분이 나뉘어 있는 것이 편리하다. 칸막이가 있고 두 층 이상인 것이 좋다. 넣는 곳이 한곳밖에 없으면 받은 명함과 자신의 명함이 뒤섞여 무심코 다른 사람의 명함을 건네게 될 수 있다.

동시에 여러 사람과 명함을 교환할 기회가 많은 사람은 반드시 칸이 나누어져 있는 것으로 마련하자.

19
명함을 건네려는데, 상대방이 먼저 명함을 내밀었다!

처음 만난 사람인 만큼 명함 교환이 잘 되지 않는 일도 있다.
그럴 때 센스 있게 대처하면 호감도를 높이는 데 큰 도움이 된다.

먼저 받은 뒤 사과의 말과 함께 건넨다

명함은 방문한 쪽에서 또는 아랫사람이나 소개된 사람이 먼저 내미는 것이 일반적이다.

당신이 방문한 상황이라면 먼저 건네는 것이 매너다. 상사가 부하 직원을 데리고 방문한 경우는 상사, 부하직원 순으로 명함을 교환한다. 윗사람이 먼저 내밀었다 해서 먼저 받는 행위는 '내가 윗사람입니다'라고 말하는 것과 마찬가지다. 단, 상대가 내민 명함을 받지 않고 질세라 이쪽에서 내미는 것도 좋은 방법은 아니므로 그럴 때는 당황하지 말고, 먼저 상대의 명함을 받은 뒤 사과의 말을 덧붙이며 자신의 명함을 건넨다.

'아, 제가 먼저 드려야 하는데' (받는다)
'소개가 늦었습니다. 저는 ○○ 사의 ○○라고 합니다. 잘 부탁 드립니다' (전달)

또 서로 통성명을 한 다음 '잘 부탁드립니다'라는 인사와 함께 동시에 명함을 교환하는 '동시 교환'도 자주 이루어진다. 그럴 때는 오른손으로 자신의 명함을 내밀며 상대의 명함을 왼손으로 받는다. 자신의 명함을 상대가 받으면 재빨리 오른손을 가져와 상대의 명함을 두 손으로 받는 것을 잊지 않도록 한다.

20 받은 명함은 어떻게?

받은 명함은 상대의 얼굴인 만큼 실례가 되지 않도록
신경 써서 예의를 갖춰 다룬다.

받은 명함은 상대가 넣을 때까지 내놓는다

'실례합니다'라고 인사한 뒤 앉으면 테이블 앞쪽에 명함집을 올려두고 그 위에 명함을 둔다. 명함집을 방석처럼 사용함으로써 상대에게 경의를 표하는 것이다. 면담이나 회의가 끝날 때까지 이 상태로 둔다.

면담 중에는 '○○ 부장님, 이 건은 이렇게 하면 어떠세요?'처럼 최대한 상대의 이름을 부르도록 하자. '벌써 이름을 기억해주네' 하고 좋은 인상을 줄 수 있다.

상대가 여러 명, 그것도 4~5명 이상이라서 명함이 많아질 때는 앉아 있는 순서에 따라 받은 명함을 늘어놓는다. 이렇게 하면 도중에 이름을 잊어버려도 바로 볼 수 있으니 안심할 수 있다. 받은 명함은 상대가 넣을 때까지 꺼내두는 것이 기본이다. 명함을 명함집에 넣는 행위는 '그럼, 이제 이쯤에서 끝낼까요'라는 사인이 된다. 방문한 곳에서 상담할 때는 상대가 끝났다는 뜻을 알려야 끝나는 것이다.

접대 장소 등 식당에서 명함을 교환할 때는 그 자리에서 재빨리 상대의 직함과 이름을 외워 가볍게 인사한 뒤 명함집에 넣는 것이 좋다. 음식이 옮겨지는 테이블에 명함을 내놓고 있다가 더럽히게 되면 실례다. 어떤 상황이라도 명함은 상대방 그 자체라는 사실을 염두에 두고 마지막까지 긴장을 늦추지 않고 소중히 다룬다.

21 긴장 탓에 명함을 떨어뜨렸다! 이럴 때는 어떻게?

고객과 명함을 교환하다가 건네던 명함을 떨어뜨려 버렸다.
이러한 상황은 자주 있는 일이다. 당황하지 말고 유연히 대처하자.

조급해하지 말고 마음을 가라앉힌 뒤 우선 사과한다

명함을 잘 전달하려는 마음에 너무 긴장하여 자신의 명함을 떨어뜨리는 실수를 할 수 있다. 비즈니스 매너 연수 때 자주 목격하는 상황이다. 그럴 때는 우선 당황하지 말고 마음을 차분히 한 뒤, '아, 실례했습니다. 긴장되네요'라고 우선 솔직하게 사과하고 새로운 명함을 건넨다. 서툴러도 성의를 보이는 것이 중요하다.

당연히 떨어진 명함을 주워서 건네는 것은 예의가 아니다. 상대에게 실례되는 행동이니 절대 하지 않도록 하자.

고객에게 받은 명함을 떨어뜨린다면? 그럴 때는 우선 '정말 죄송합니다' 하며 정중히 사과하는 것이 중요하다. 바로 주워서 양손으로 명함에 묻었을 먼지를 털고 죄송하다고 분명하게 말하자.

위기는 기회다. 실수가 있었더라도 성의 있는 태도로 대응하면 신뢰를 회복할 수 있으니 당황하지 말자. 침착하고 정중하게 대응하면 얼마든지 만회할 수 있다.

참고로 떨어뜨린 자신의 명함을 중요한 고객의 명함과 함께 넣는 것은 실례다. 반드시 별도로 넣어두자. 명함집 바깥쪽에 공간이 있다면 떨어뜨렸던 명함은 거기에 넣는 것이 좋겠다.

22 명함이 없을 때는 어떻게?

명함이 부족하거나 깜박하는 것은 사회인으로서 매우 부끄러운 일이다.
빠른 사과와 성의 있는 태도로 실수를 만회해야 한다.

우선 사과부터 하고 우편으로 명함을 보낸다

명함이 떨어진 것을 잊고 있었다. 혹은 깜박하고 명함을 챙겨오지 않았다. 이럴 때는 매우 당황할 것이다. 이때만큼은 무슨 방법을 써도 '명함이 없다'는 사실을 바꿀 수 없다.

이런 일이 없도록 외출하기 전에 명함을 점검하여 반드시 10~15장은 가지고 있도록 챙겨두자. 단, 명함지갑이 너무 불룩하게 넣어 두는 것은 보기 좋지 않다. 송년회나 신년회 등 많은 사람이 모이는 자리에서는 명함이 많이 필요할 것을 미리 알 수 있으므로 여분을 별도로 지참했다가 적당한 때에 명함집에 보충하도록 하자.

만약 외출한 곳에서 명함이 떨어졌을 경우에는 상대에게 양해를 구하고 깨끗한 종이에 이름과 연락처, 회사명, 등을 적어 전달한다. 그리고 외근 후 회사로 돌아오면 회사 관련 할인권이나 행사 안내 팸플릿 등을 동봉하여 전달하지 못한 자신의 명함을 우편으로 발송한다.

명함을 너무 늦게 보낸다면 상대도 당신을 잊게 되고, 결국 명함을 받더라도 당신이 자신을 중요하게 생각하지 않는다고 느낄 것이다. 빠르게 대처하면 호감도를 높이는 효과를 기대할 수 있다. 실패를 기회로 바꾸는 것은 당신 자신이다.

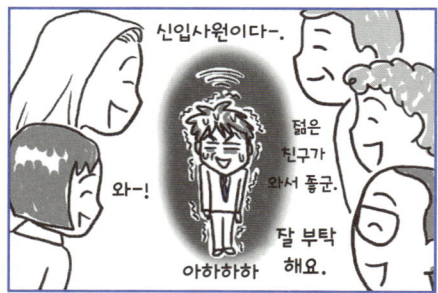

23 상대방이 여러 명일 때는?

여러 사람과 명함을 교환할 때는 평소보다 더 주의를 기울여야 한다.
이럴 때 도움이 되는 몇 가지 요령을 기억해두자.

명함집을 활용해 순서대로 교환한다

여러 사람과 명함을 교환하는 일도 가끔 발생한다. 일대일 교환 때처럼 꼼꼼히 명함을 교환하기에는 시간이 너무 많이 걸린다. 그럴 때는 명함집을 활용하는 것이 좋다. 다음 여섯 단계가 방법이다.

1. 명함 교환을 시작하기 전에 인원수만큼의 명함을 명함집에서 꺼내둔다.

2. 꺼낸 명함을 명함집 아래에 깔아서 손에 쥔다.

3. 한 장을 꺼내 처음 사람과 교환한다.

4. 명함집 위로 받은 상대의 명함은 명함집을 열어 임시로 넣어 둔다.

5. 명함집 밑에서 다음 한 장을 꺼내 두 번째 사람과 명함을 교환한다.

6. 받은 명함은 신속하게 명함집에 다시 넣는다. 이때, 첫 번째로 받았던 사람의 명함 위에 순서대로 겹친다.

받은 명함을 명함집 위에 계속 쌓는 것은 먼저 준 사람에게 실례가 될 수 있으니 피하는 것이 좋다. 자신의 명함 교환이 끝났다 해도 마음대로 앉아 버려서는 안 된다. 방문한 곳의 사람이 '앉으세요'라고 권하면 앉는 것이 예의다. 아무도 권하는 말이 없을 때는 전원이 앉기를 기다린 뒤 '실례합니다'라고 한마디 덧붙이며 앉는 것이 좋다. 또 응접실이 그다지 크지 않거나 참석자 수가 많으면 명함을 테이블 너머로 교환하고 싶은 마음이 들 수 있지만 바람직하지 않다.

명함 교환은 단순히 교환에 그치는 것이 아니라, 신뢰 관계를 구축하는 것이다. 마음을 주고받는 만남의 장이 될 수 있도록 한다.

명함 넣는 방법

명함을 순조롭게 교환하려면 넣어 두는 방법에도 작은 요령이 있다. 그것은 위아래를 반대로 명함집에 넣는 것이다. 이렇게 하면 바로 상대방이 읽는 방향으로 꺼낼 수 있다.

가로 방향일 경우

세로 방향일 경우

의전

24 문 앞에 손님이 와 있다!

손님이 왔을 때 바쁘다는 핑계로 보고도 못 본 척하는 것은 예의가 아니다.
와 주셔서 감사하다는 마음으로 먼저 다가가자.

방문자는 빠르고 정중하게 안내하자

회사에는 매일 많은 사람들이 방문한다. 당신이 모르는 사람이라도 어떤 식으로든 회사와 관련되어 있다. 손님이 오면 바로 일어나서 '어서 오세요'라고 인사한 뒤, 환영하는 마음을 담아 다음과 같이 대응하자.

1. 상대방 확인

웃는 얼굴로 다가가 '실례지만 어떻게 오셨어요?'하고 묻는다. 손님이 이름과 용건을 밝히면 '○○의 △△ 님이시군요. 안녕하세요'라고 상대의 이름을 구두로 다시 확인하며 인사를 건넨다.

2. 약속 여부 확인

'실례지만 □□ 씨와 약속을 하셨는지요?'라고 물어 약속 여부를 확인한다.

3. 지명인에게 전달 후 지시 사항을 받아 대응

사전에 약속된 경우에는 '알겠습니다, 바로 전달하겠습니다. 잠시만 기다려주십시오'라는 말을 남기고 찾는 사람에게 연락한다. 사전 약속 없이 방문한 경우라도 '약속하지 않으셨으면 안내해드릴 수 없습니다'라며 매몰차게 거절하는 것은 예의가 아니다.

전근이나 이동, 퇴사 등의 인사 관련 사항은 갑자기 결정되는 일이 많아 약속 없이 방문할 수도 있다. 이때는 '실례지만, 어떤 용건으로 오셨는지 여쭤봐도 될까요?' 하고 내용을 확인하여 찾는 사람에게 전달하고, 요청 사항이 있으면 처리해둔다. 미리 면담을 예약한 경우에는 '오래 기다리셨습니다' 등의 말을 건네 반갑게 맞이하는 마음을 전하자.

같은 시간대에 여러 손님이 찾아왔을 때는 먼저 온 사람부터 대응하는 것이 원칙이다. 기다리는 사람에게는 '죄송하지만 잠시만 기다려주시겠어요. 바로 도와드리겠습니다'라는 말을 남겨 상대에 대한 배려의 마음을 전한다. 이렇게 하면 상대도 불쾌한 마음을 갖지 않고 기다려줄 것이다.

손님을 대할 때는 말투에 유의하여 정중한 태도를 갖추는 것이 중요하다. 고객이 긴장을 풀고 편안한 기분을 느낄 수 있도록 센스 있게 안내해보자.

4장 의전

25 방문객이 왔음을 전달할 때

단순히 손님이 온 것만 전달하는 것이 아니라
손님과 찾는 사람이 무사히 만날 수 있도록 하는 것이 중요하다.

손님이 오래 기다리지 않도록 빠르게 전달하자

손님 응대를 잘했더라도 손님이 찾는 사람과 만나지 못했다면 의미가 없다. 손님이 찾는 사람은 대부분 업무 중이므로 자리까지 가서 전하는 것이 좋다. 입구에서 큰소리로 부르는 것은 바람직하지 않다. '실례합니다' (한 박자 쉬고) '○○대학에서 □□ 선생님이라는 분이 찾아오셨는데, 어떻게 할까요?'라고 방문자가 있음을 알린 다음 지시를 기다리자.

손님에게 명함을 받았을 때, 이 명함은 자신이 받는 것이 아니라 손님이 찾는 사람에게 전해주기 위해 잠깐 맡아두는 것이므로 '네, 전달해드리겠습니다'라며 받는 것이 정답이다.

안내데스크가 있는 회사라면 내선 전화로 연결한 뒤 '감사합니다'라는 인사와 함께 손님에게 명함을 돌려준다. 명함을 전달하러 가게 될 때는 명함을 두 손으로 들고 떨어뜨리지 않도록 주의하며 이동한다. 찾는 사람에게 손님의 명함을 전달한 뒤에는 지시 사항이 있는지 확인하여 대응한다.

찾는 사람이 대화 중이니 잠시 기다려달라는 제스처를 할 때는 이야기가 잠시 끊기기를 기다렸다가 '말씀 중 죄송합니다만'이라고 쿠션 언어로 시작하여 손님이 왔음을 전달한다.

혹 통화 중이라면 간단히 메모를 남긴 뒤 대답을 기다린다. '알겠어요. 응접실로 안내해줘요' 등 요청이 있을 때는 그에 맞추어 대응한다. 당신의 능숙한 안내가 성공적인 미팅의 출발점이 된다.

26 손님을 안내할 때

손님을 안내할 때는 찾는 사람의 대리인으로서 손님을 맞이하고 자리에 도착할 때까지 정중하게 안내한다.

손님의 보폭에 맞추어 세 걸음 정도 대각선 앞쪽으로 걷는다

손님을 안내할 때는 항상 손님의 안전을 확인하여 불안감을 주지 않는 것이 중요하다.

우선 안내데스크에서 고객에게 '기다리시게 해서 죄송합니다'라고 인사한 뒤, '2층 회의실로 안내해드리겠습니다. 이쪽입니다'와 같이 가는 곳을 알리고 안내하는 방향을 손으로 확실하게 가리킨다.

이동 방향을 가리킬 때는 다섯 손가락을 가지런히 모으면 깔끔한 인상을 줄 수 있으니 손가락 끝까지 긴장을 늦추지 말자. 이때 시선도 함께 손끝으로 향하게 하면 더 정중한 느낌을 줄 수 있다. 안내할 때 주의해야 할 점은 다음과 같다.

1. **손님의 시야를 가리지 않도록 손님보다 세 걸음 정도 앞쪽 대각선 방향에서 걸으면 좋다.**

2. **손님이 복도 중앙을 걸을 수 있도록 한다.**

3. **가끔 뒤돌아보며 고객의 걸음에 맞추어 걷는다.**

4. **코너에서는 잠시 멈추어 '이쪽입니다' 하며 진행 방향을 알린다.**

5. **계단에서는 고객이 난간 쪽, 자신은 반대쪽 한 계단 아래쯤 위치한다.**

손님을 내려다보게 되는 위치에 서지 않는 것이 기본이다. 계단을 오르는 경우는 손님이 앞쪽, 자신이 뒤쪽을 걷는 것이 바람직하지만, 처음 방문한 손님의 경우는 '제가 앞장서 안내해드리겠습니다, 그럼 실례하겠습니다'라고 양해를 구한다. 내려갈 때는 돌발 상황이 일어나면 대처할 수 있도록 손님 앞쪽으로 걷는 것이 좋다.

6. 도착하면 빈방이라는 사실을 알아도 노크를 먼저 한 다음 문을 연다.

7. 입실하면 '이쪽입니다'라고 상석을 권한다.
손님이 사양하고 말석에 앉으려고 하면 '이쪽으로 앉으세요'라고 상석으로 다시 권한다.

8. 손님이 앉는 것을 확인한 뒤 담당자가 곧 올 거라 알리고 퇴장한다.
'담당자가 바로 올 테니 잠시만 기다려주십시오. 그럼, 이만 실례하겠습니다'라는 말을 남기고 묵례 후 퇴장한다.

9. 담당자에게 전달한다.
자칫 놓치기 쉬운 부분으로, 손님을 안내했음을 담당자에게 전해야 비로소 안내가 끝난 것이다. 안내한 장소까지 반드시 전달하자.

4장

의전

27 상석? 요즘에도 그런 게 있나요?

'상석'과 관련된 매너는 비즈니스 외의 상황에서도 필수로 여겨진다.
상석이 가진 의미와 상석의 위치를 분명히 알고 넘어가자.

상대에게 존경을 표하는 중요한 규칙

비즈니스에서는 앉는 자리로도 상대에 대한 경의를 나타낼 수 있다. 이 때문에 '상석 매너'는 비즈니스를 하는 사람이라면 절대 잊지 말아야 할 약속이다. 손님에게 상석을 권하는 것이 원칙이지만, 익숙하지 않아 상석이 어딘지 알기 어렵다면 다음 한 가지만 기억하면 된다.

'출입구에서 먼 자리가 상석'. 출입문 근처는 드나드는 사람들로 복잡해 안정감이 없다. 게다가 바람 잘 날 없이 뒤숭숭한 요즘 세상에 불청객이 침입하지 않으리라는 보장도 없다. 출입구에서 먼 안쪽 자리는 안전 확보도 비교적 쉽다. 고객은 회사에 더할 나위 없이 소중한 존재가 아닌가. 그러므로 가장 안전한 안쪽 자리에 앉게 하는 것이다.

장소에 따라서는 출입문과의 거리만으로 정하기 모호한 곳도 있다. 그럴 때는 의자 모양이 힌트가 될 수 있다. 응접실에는 대부분 소파와 팔걸이의자가 마주 놓여 있다. 이럴 때는 소파가 내빈용이고 팔걸이의자가 사내 직원용이다. 고객이 편안한 마음으로 느긋하게 있을 수 있게 하려는 의미에서 소파를 권한다고 이해하면 기억하기 쉽다.

사내 직원이 여러 명인 경우는 직급이 가장 낮은 사람이 입구에서 가까운 말석에 앉는다. 자리 배치는 입장이나 관계를 단적으로 드러내는 단서인 만큼 실수하면 상대에게 불쾌한 기억을 남길 수 있다.

비즈니스 상식으로 알아두어야 할 자리 배치 순서를 다음 페이지에 정리했으니 참고하자.

상황별 비즈니스 상석

상석의 위치는 환경에 따라 달라진다. 비즈니스 상황에서 자주 이용되는 장소의 상석과 말석의 위치를 기억하여 필요시 능숙하게 안내할 수 있도록 한다. 일상생활에서도 유용한 매너가 될 것이다.

· **응접실**

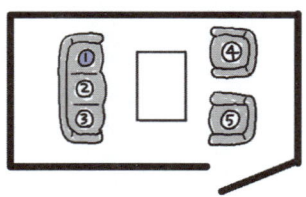

출입구에서 가까운 자리가 사내 직원용 자리다. 소파가 있을 때는 소파가 내빈용 자리다.

· **사무실 내 회의 공간**

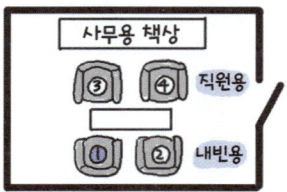

사무용 책상에서 가까운 곳이 사내 직원용 자리다. 손님들을 업무 책상에서 멀리 앉게 함으로써 사내 정보와 거리를 두게 한다.

Column 7

· 원탁 회의장

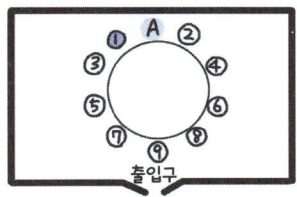

출입구에서 가장 먼 안쪽 자리가 상석이다. 의장석 A를 중심으로 오른쪽이 가장 상석이며, 왼쪽이 다음 상석이다.

· 엘리베이터

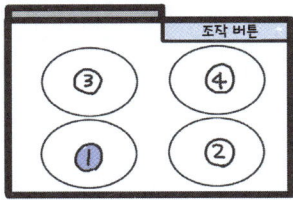

직급이 높은 순으로 탑승한다. 지위가 가장 낮은 사람이 버튼 앞에서 조작을 담당하고 제일 나중에 내린다. 가장 먼 대각선이 상석이 된다.

· 택시

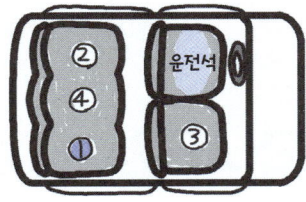

조수석 뒷자리가 상석이다. 우리나라는 우측 통행의 특성상 조수석 뒷자리가 승하차 시 편리하기 때문이다.

28. 차는 어떻게 드리면 되나요?

커피나 차는 손님 접대에서 빠질 수 없는 부분이다.
상대방이 편안함을 느낄 수 있도록 진심을 담아 대접하자.

차를 대접함으로써 손님을 향한 환영의 마음을 전한다

회사에 손님이 오면 차나 음료를 제공한다. 회사마다 문화가 달라 지금은 차를 대접할 일이 없는 곳도 있을 것이다. 하지만 차를 대접해야 할 상황은 언제 어디서든 있을 수 있다. 비즈니스를 하는 사람이라면 다음 몇 가지 포인트를 살펴보자.

1. 이 빠진 찻잔이나 더러운 잔은 아닌지 확인한다.

2. 차는 찻잔의 70%까지 따른다.
넘칠 듯 가득 따르면 옮길 때 쏟기 쉽고 마시는 사람도 불편하다.

3. 차가 담긴 찻잔은 잔 받침에 올리지 않고 쟁반에 따로 담아 옮긴다. 양손을 이용해 가슴 높이로 든다.
음식점 점원처럼 손바닥 위에 쟁반을 올리지 않는다.

4. 입실 시에는 노크한 뒤 '실례합니다'라고 말하며 들어가 잠시 멈춰 서서 묵례한다.
이때, 머리카락이나 숨이 음료에 들어가지 않도록 쟁반을 왼쪽으로 비스듬히 밀며 인사한다.

5. 쟁반을 사이드 테이블에 내려두고 잔 받침에 찻잔을 올려 하나씩 세팅한다.

사이드 테이블이 없다면 테이블의 끝 쪽에서 세팅한다. 응접 테이블이 작아 쟁반을 올려둘 수 없을 때는 한 손으로 쟁반을 들고 그 위에서 세팅하는 것도 방법이다.

6. 차를 낼 때는 상석 쪽 손님부터(지위가 높은 순서대로) 낸다.
손님에게 먼저 드린 뒤, 사내 직원은 직급에 따라 차례로 낸다.

7. '차 드리겠습니다'라고 자신의 움직임을 알려 손님과 충돌하는 일이 없도록 한다.
오른쪽 뒤쪽에서 손님의 오른편에 놓는다(상황에 따라 손님의 왼편으로 내도 무관). 찻잔에 무늬가 있는 경우는 정면이 손님 쪽을 향하도록 둔다. 진심 어린 미소도 잊지 말자.

8. 차를 다 드리고 나면 문 앞에 잠시 서서 가볍게 인사하고 퇴실한다. 쟁반은 들고 나간다.

찾아온 손님에게 감사하는 마음을 담아 향긋한 차를 대접해보자.

응접실에서 손님이 기다릴 때 차는 어떻게 준비할까?

손님 수에 맞게 차를 먼저 내고 담당자가 입실하면 손님과 담당자의 차를 다시 준비한다. 이때 손님이 앞에 낸 차를 마시지 않았더라도 '새로 드리겠습니다'라는 말과 함께 새것으로 바꿔 낸다. 이때는 찻잔만 바꾸는 것이 아니라, 잔 받침까지 바꿔내는 것이 매너다.

29 차를 내가려는데 사람이 더 많아졌다!

당연한 이야기지만, 상황은 늘 변한다. 갑작스러운 변화에도 당황하지 말고 그 순간에 가능한 일부터 차분히 하면 된다.

가져간 차는 먼저 대접한다

상담이나 회의 시에는 모처럼 방문한 고객에게 인사차 찾아온 상사가 갑자기 동석하는 등 모임의 참석자 수 등 상황이 변하는 일이 종종 있다. 이럴 때는 당황하지 말고 먼저 가져간 차를 손님 측 상석부터 차례대로 내고 다음으로 사내 직원에게 직급순으로 낸다. 부족하여 받지 못한 사람에게는 '잠시만 기다려주세요. 바로 내오겠습니다' 하고 작은 소리로 알린 뒤 서둘러 다시 준비하면 된다.

차를 내가려는데 당황스럽거나 어찌하면 좋을지 모르겠는 상황을 맞닥뜨릴 수도 있다. 예를 들면, 차를 내가려는데 회의 분위기가 한창 뜨겁다. 이럴 때는 어떻게 해야 할까? '말씀 중이니 조용히 낸다'는 정답이 아니다. 말없이 차를 내게 되면 차를 내미는 순간에 미처 당신을 보지 못한 손님이 움직이려다 위험한 상황이 연출될 수 있다.

테이블 위에 서류가 가득해도 멋대로 서류를 옮겨서는 안 된다. 이럴 때는 손님에게 '어느 쪽에 놔 드릴까요?'라고 묻거나, 손님에게 비어 있는 곳을 표시하며 '이쪽에 놔 드릴까요?'라고 양해를 구한 뒤 안전한 위치에 두는 것이 좋다.

어떤 상황에도 당황하지 않고 웃는 얼굴로 대처하면 당신에 대한 호감도 또한 높아질 것이다.

30 고객에게 우리 쪽 상사를 소개할 때

비즈니스는 상호 관계로 이루어지기 때문에 사람을 소개할 일이 많다.
핵심이 무엇인지 파악하여 똑소리 나게 대응할 수 있도록 하자.

소개할 사람이 있을 때는 당신이 리드한다

비즈니스에서는 고객에게 상사나 새로운 담당자를 소개하는 등 자신 외의 사람을 상대에게 소개할 기회가 많다. 자주 있는 상황이니 능숙하게 대응할 줄 알아야 신뢰감을 줄 수 있다. 어떤 경우든 지위가 높은 사람이 먼저 알 권리를 가진다는 점도 기억해두자. 명함 교환과 마찬가지로 소개에도 순서가 있다.

1. 고객에게 상사를 소개할 때

① **고객에게 상사를 소개한다.**

'소개해 드리겠습니다. 이쪽은 저희 팀장님이신 △△ 부장님입니다'
소개할 사람이 두 사람 이상일 경우는 직급이 높은 사람부터 소개한다.

② **상사에게 고객을 소개한다.**

'이쪽은 ○○판매의 △△ 팀장님이십니다. 늘 물심양면으로 도와주고 계시지요'

2. 자신과 상사 모두 첫 대면인 고객의 경우

① **상사가 먼저 자기소개를 한다.**

우선 상사가 자기소개를 하고 명함을 교환한다.

② 상사가 당신을 소개해줄 순서를 기다린다.

인사를 마친 상사가 부하 직원을 소개하는 것이 정석이다. 소개받으면 명함을 교환한다. '안녕하세요. 저는 △△ 회사의 ○○라고 합니다. 잘 부탁드립니다' 순서를 틀리지 않도록 주의한다.

3. 두 고객사를 서로 소개시키는 경우

직급이 낮은 사람이 있는 회사를 직급이 높은 사람이 있는 회사 쪽에 먼저 소개한다. 기본적으로는 중요한 사람을 나중에 소개한다.

소개할 때는 공통 화제를 꺼내면 대화가 자연스럽게 이어질 수 있다.

방문

31 약속은 어떻게 잡나요?

모든 비즈니스는 약속에서 시작해서 약속으로 끝난다.
미팅 약속이나 일정 조율을 믿고 맡길 수 있는 사람이 되자.

상대방의 상황을 고려하여 방문 일정을 정한다

비즈니스는 곧 약속이라 해도 과언이 아니다. 다른 사람을 방문할 때는 반드시 약속을 먼저 잡는다. 사전 약속 없이 갑자기 방문하는 것은 예의가 아니다. 갑자기 찾아가면 상대에게 실례가 될 수 있으며, 상대가 부재중이라 만나지 못할 수도 있다. 다음을 참고해 약속을 정해보자.

1. 방문 목적(용건)과 소요 시간을 알린다.

'신상품 캠페인 건으로 30분 정도 미팅을 요청 드립니다'

2. 상대방의 상황을 확인하여 방문 일시를 정한다. 먼저 상대방의 상황을 물어 자신의 스케줄을 맞춘다.

'다음 주는 시간이 어떠신가요?'
'그럼 다음 주 화요일 오후 3시에 찾아봬도 괜찮으실까요?'

3. 일행이 있을 때는 동행자 정보와 인원수를 알린다.

'해당일은 △△ 팀장과 담당자 두 명이 참석하겠습니다. 감사합니다'

약속은 바쁜 시간을 피해 잡는 것이 좋다. 이른 아침이나 점심시간도 반갑지 않을 수 있다. 일주일의 첫날인 월요일은 보통 여러 이유로 바쁜 날이니 상대방의 일정을 배려하여 일정을 제안하자.

약속을 정한 뒤 한참이 지난 경우에는 상대가 착각하거나 잊었을 수 있다. 기껏 방문했는데 상대가 부재중이면 시간만 낭비하게 된다. 약속

전날이나 당일 아침에 연락하여 스케줄에 변동이 없는지 사전에 확인하면 만약의 상황에 대비할 수 있다.

'내일 오후 3시에 방문하기로 되어 있어 확인차 연락드렸습니다. 혹시 변동 사항은 없으신가요?'

이 전화 한 통이 신뢰의 디딤돌이 된다.

5장

방문

㉜ 방문 전 어떤 준비를 해야 할까?

방문 전에 얼마나 꼼꼼히 챙기고 준비했는지에 따라 그 방문의
성공 여부가 결정된다 해도 과언이 아니다. 준비의 중요성을 함께 확인해보자.

꼼꼼한 준비로 방문한 의미를 살리자

상대방이 소중한 시간을 내준 만큼 사전 준비를 잘 해야 의미 있는 방문을 할 수 있다. 준비는 '회의에 필요한 물품'뿐 아니라 '상대 회사에 관한 준비', '용건에 관한 준비' 그리고 '마음의 준비'가 있다.

논의할 회의 자료는 함께 참석하는 사람이 있을 경우를 대비하여 미리 여유분을 챙겨두자. 상대 회사에 대한 기본적인 정보를 모르면 상대에게 신뢰감을 줄 수 없고 미팅 자리에서 부끄러운 상황에 처할 수도 있다. 적어도 그 회사의 홈페이지는 확인해보자. 또 신문이나 잡지에 게재된 기사를 미리 훑어봐두면 커뮤니케이션의 좋은 소재가 된다.

비즈니스 미팅은 회의 시 나올 거라 예상되는 질문을 반드시 재확인해야 한다. 조건을 변경할 경우 등을 대비해 계산기나 매뉴얼 같은 자료를 챙겨두는 것이 좋다. 준비가 끝나면 시뮬레이션을 해보고 마음의 준비도 함께 해두자.

첫 방문일 경우에는 길을 헤맬 수도 있다. 출발 전에 방문지 주소를 지도로 확인하고, 교통수단과 효율적인 경로도 꼼꼼히 파악하자. 지각은 절대 금지다. 약속한 시간에 늦는 것은 시간 개념이 약하고 자기관리가 부족한 인상을 줄 수 있으니 여유 있게 출발하자. 만약 길을 몰라 헤매게 되면 반드시 약속한 시간 전에 상대방에게 전화하여 '정말 죄송합니다만, 아무래도 길을 잘못 들어선 것 같습니다. 귀사로 가는 방법을 알려주실 수 있을까요? 제가 있는 곳에서는 ○○이 보입니다'라고 가는 방법을 다시 확인하자.

방문 전 준비는 확인 또 확인!

거래처에 방문할 때는 '끝'이라는 말은 없을 만큼 철저한 준비가 필요하다. 상대에게 실례가 되지 않도록 '해둘 것'과 '챙길 것'을 철저히 확인하자.

준비물 체크 리스트

준비물	체크
• **필기도구** : 계약서 사인에 사용할 펜은 별도로 준비한다(잘 써지는지 미리 확인). 다른 회사의 로고가 박힌 증정용 펜을 준비한다면 곤란해질 수 있다.	
• **수첩 · 메모장** : 협의한 내용은 그 자리에서 회의록 등에 확실히 메모한다.	
• **스케줄러** : 다음 회의 일정이나 납기를 확인할 수 있도록 스케줄러를 챙기는 것도 잊지 말자. 모바일 스케줄러를 사용하는 것은 편리할 수는 있지만 실례가 될 수도 있다.	
• **명함** : 상대방의 상사나 다른 부서 쪽 사람들과 인사하는 일이 있을 수 있다. 명함은 늘 여유 있게 지참한다.	
• **회의 자료** : 참석자 수 + 1부(여유분)	
• **방문지 주변 지도 또는 내비게이션** : 구글맵 등 되도록 상세한 것으로 준비한다. 길을 헤매다 약속 시각에 늦는다면? 그 뒤는 당신의 상상에 맡기겠다.	
• **방문할 회사명, 부서명, 담당자 이름** : 상대측 명함이 있으면 반드시 지참한다.	
• **휴대전화** : 긴급 상황에 연락할 수 있도록 챙겨두자.	
• **손목시계** : 휴대전화 시계를 대체 활용하는 것은 금물	
• **자사 팸플릿 · 서류 봉투** : 회사 소개와 상품 안내 책자는 여유 있게 준비한다. 누군가 요청할 때 바로 대응할 수 있는 당신의 무기가 될 것이다.	

Column 8

업무는 이미 방문 전부터 시작된다. 철저히 준비해두면 의미 있는 방문을 할 수 있다. 구체적으로 다음과 같은 준비를 해두면 도움이 된다.

방문 전 체크리스트

방문 전에 해야 할 일	체크
• 용건에 관한 준비 – 명확한 목적 설정: 신상품 소개를 위한 방문, 계약 체결, 회의 등 목적을 분명히 할 것 – 필요 서류 작성 – 자료의 구성과 내용 검토: 회의 자료뿐 아니라 다른 회사와의 차별점을 뒷받침할 통계 자료 등 비교 설명을 위한 참고 자료도 준비한다.	
• 마음의 준비 시뮬레이션: 회의의 흐름을 몇 가지 시나리오로 나누어 생각해보고, 예상 질문에 대한 대답을 준비한다.	
• 상대 회사에 관한 준비 – 상대 회사에 관한 조사: 동종 업계의 경쟁사 동향이나 방문하는 회사의 최신 뉴스, 신제품 등을 확인한다. – 상품 조사: 판매점의 판매 현황을 조사하고 회의에서 정보를 제공한다. – 방문 회사까지의 접근 경로: 방문 회사 위치를 미리 알아보고 지도 등을 통해 경로를 확인한다.	
• 방문 예정 확인 방문 전날 재확인한다.	
• 준비물 확인 준비물 체크리스트를 활용해 준비물을 점검한다.	

33 약속 시간에 늦었다!

실제로 '지각이 잦아서 미덥지 않다'는 이유로 거래가 끊기는 일이 있다.
부득이한 사정으로 약속 시각에 늦었을 때는 성의 있는 태도로 사과한다.

신뢰 관계 형성의 기본은 약속 시간 지키기

약속 시간을 지키지 못하는 것은 자기 자신뿐 아니라 회사의 이미지까지 망치는 지름길이다. 철저한 시간 관리는 사회인에게 필수다. '아, 여유 있게 나왔는데 ○○○ 때문에…'와 같은 변명은 의미가 없다. 자신이 선택한 이동 수단에 어떤 변수가 있는지 미리 확인하고 동선을 철저히 계획해두어야 한다.

예를 들어, 차로 이동할 경우 예상치 못한 교통 체증으로 도착 시간을 가늠하기 어려울 수 있다. 특히 월요일이나 금요일은 평소보다 차가 막힐 확률이 높고, 비나 눈 등 날씨에 따라서도 여러 변수가 생긴다. 어쩔 수 없이 차로 이동해야 하는 상황이 아니라면 되도록 리스크가 적은 지하철을 이용하는 것이 좋다.

만약 부득이한 사정으로 온갖 수단을 동원해도 늦을 수밖에 없을 때는 지각할 것을 알게 된 시점에 바로 상대에게 연락하는 것이 예의다. '정말 죄송합니다. 15분 정도 늦을 것 같습니다' 하고 제대로 사과하는 것이 우선이다. 가령 교통 체증이나 사고 때문에 늦었다 하더라도 자신의 탓이 아니라며 책임을 전가하는 것은 좋지 않다. 결과적으로 약속 시간을 지키지 못해 상대의 귀중한 시간을 허비하게 만들고, 폐를 끼친 것은 달라지지 않기 때문이다.

사죄의 말을 먼저 전하고, 예상되는 도착 시각을 함께 밝힌다. 이때, 조금이라도 덜 늦겠다는 마음에 도착 시각을 너무 빠듯하게 전달해서 그 시간마저 지키지 못하면 신뢰가 땅에 떨어질 수 있으니 주의하자. 도착하기 전까지는 무슨 일이 있을지 모르니 시간을 조금 넉넉히 잡는 편이 좋다.

'지금 ○○역이고, 이제 지하철로 갈아타니 10분 정도 늦겠습니다', '지금 ○○ 주변을 지나고 있습니다. 길이 조금 막혀 앞으로 ○○ 정도 더 걸릴 것 같습니다'와 같이 상황을 정확히 알리자. 늦게 도착한다고 했더라도 기다리는 쪽에서 대략의 시간을 아는 것과 모르는 것은 천지 차이다. 예상 시간을 모른 채 하염없이 기다리게 되면 시간적 부담이 더 해질 수 있으니 반드시 정확한 시간을 전달하자.

도착한 뒤에는 늦은 이유를 설명하는 데 급급하지 않도록 해야 한다. '늦어서 죄송합니다'라며 성의 있는 사과로 마음을 확실히 전달하는 것이 우선이다. 그 후에는 성실하고 겸손한 태도로 실수를 만회해 나가면 된다.

5장 방문

정말 죄송합니다. 15분 정도 늦을 것 같습니다.

34 약속에는 몇 분 전까지 가는 게 좋을까?

방문할 때는 '늦지 않으면 된다'라는 생각만으로는 부족하다.
상대가 불편해하지 않도록 적절한 시간에 방문하자.

5~10분 전에 도착해서 약속 시간에 맞춰 들어가자

지각은 말할 것도 없지만 너무 일찍 도착하는 것도 상대를 곤란하게 할 수 있다. 상대는 회의실 예약이나 자료 등을 약속 시간에 맞추어 준비할 것이기 때문에 너무 이른 시간에 찾아가면 당황할 수 있다. 방문할 때는 5~10분쯤 전에 약속 장소에 도착하도록 시간을 조절하자.

비즈니스의 기본은 'Just on time(정각)'이다. 방문지에 도착하자마자 무조건 안내데스크에 접수하는 것은 정답이 아니다. 겨울철에는 코트나 머플러를 건물에 들어서기 전에 벗어서 팔에 살짝 접어 걸쳐둔다. 여름철에 재킷을 벗고 있다면 약속 장소에 들어가기 전에 반드시 재킷을 갖추어 입는다.

바람에 머리가 흐트러지지는 않았는지, 넥타이가 돌아가지는 않았는지, 여성이라면 스타킹이 나가지는 않았는지 등 방문 접수 전에 옷차림을 다시 한 번 확인하고 매무새를 단정히 하자. 이때 휴대전화 전원을 꺼두거나 무음으로 바꾸는 것도 잊지 말자. 겉모습이 정리되고 마음 준비를 했다면 약속 시간 정각에 접수하는 것이 이상적이다.

너무 일찍 도착했을 때는 다른 곳에서 시간을 보내자. 다만 이때 들어간 카페나 방문 장소 내 화장실 등에는 거래처 직원도 있을 수 있다. 동행자와 대화 중에 회사명을 입 밖에 내지 않도록 주의한다. 사실 회사 밖에서는 구체적인 업무 이야기를 아예 하지 않는 것이 가장 좋다. 불평이나 욕설은 말할 것도 없다. 사회인의 기본 매너임을 명심하자.

35 안내에는 뭐라고 말하면 좋을까?

안내데스크에 접수할 때 중요한 점은 만나려는 사람과
잘 연결되는 것이다. 주눅 들지 말고 예의 바르고 당당하게 행동하자.

자신이 누구인지 밝히고 찾아온 담당자와 방문 용건을 전한다

안내데스크에서는 밝고 예의 있게 행동하자. '안녕하세요. 저는 ○○ 회사의 ××라고 합니다'라고 회사명과 자신의 이름을 밝힌다. 이때 명함을 건네도 좋다. '영업팀의 ○○ 님과 오후 3시에 약속했습니다. 연락 부탁드립니다' 방문한 상대의 이름과 사전 약속 여부를 알리고 안내를 부탁한다. 안내를 받으면 '감사합니다' 하고 공손하게 인사하자.

신규 영업이나 고객과의 거래 건으로 회사 앞을 지나거나, 고객과의 미팅을 마치고 돌아가던 길에 들르는 등 갑작스레 방문할 때는, 명확히 이름을 밝힌 뒤 사전 약속은 없었다는 사실을 반드시 알려야 한다.

'안녕하세요. 저는 ○○ 회사의 ××라고 합니다. 영업팀의 △△ 님을 뵈러 왔는데 혹시 계실까요? 미리 약속을 하진 않았습니다. 마침 근처에 일이 있어서 인사를 드릴까 하고 왔습니다'

갑작스러운 방문이니 무리하게 만나는 것은 예의가 아니다. 가볍지만 공손하게 부탁하되 판단은 상대방에게 맡기는 편이 좋다.

때마침 담당자를 만날 수 있었더라도 바쁜 중에 갑자기 시간을 낸 것이니 '만나길 잘했다'라는 생각이 들도록 의미 있는 정보를 제공해야 한다. 평소에 정보 수집을 게을리하지 말아야 할 이유다.

사전 약속 없이 방문할 기회가 많다면 평소 가방 안에 여분의 팸플릿 등을 넣어두자. 명함과 함께 건네며 기회를 내 것으로 만들어보자.

36
안내 데스크가 없네?!
그냥 들어가도 될까?

모든 회사는 기밀 사항이 많다. 함부로 출입하는 것은 비상식적인 행동이다.
방문지의 절차에 따라 예의를 갖추어 행동한다

반드시 누군가에게 안내를 부탁한다

중소기업 중에는 안내데스크가 없는 회사가 꽤 많다. 따로 안내 데스크가 없는 곳에 방문했을 때는 우선 출입문 근처에서 '실례합니다' 하며 가볍게 인사한 뒤 들어간다.

이때는 활기찬 목소리로 인사하여 누군가 당신의 존재를 알아차릴 수 있게 하자. 눈치챈 사람이 아무도 없을 때는 한 번 더 큰소리로 인사해 보자. 안내데스크는 없지만 보안을 위해 다른 매체로 모니터링 하는 곳도 있으니 사람이 없더라도 인사는 분명하게 한다.

또 자신이 있는 위치에서 상대가 보인다고 큰소리로 그 사람을 부르는 것은 옳지 않다. 입구 근처에 있는 사람에게 말을 걸어 공식적으로 안내받도록 한다. 안내를 받을 때는 회사명, 이름, 방문 희망 부서, 담당자명, 사전 약속 유무를 전달한다. '아, 마침 안에서 나오는 사람이 있네. 문이 열렸으니 그냥 들어갈까'와 같은 생각은 비상식적이므로 고민할 여지도 없다. 저쪽에서 '들어오세요'라는 허락이 있을 때 들어가도록 한다. 대답이 있기 전까지는 그 자리에서 기다린다.

최근에는 대부분의 회사들이 보안을 강화하는 추세라 무턱대고 들어가서 어슬렁거리면 불청객으로 오해받을 수 있다. 의심을 받게 되면 당신이 곤란해지는 것은 물론이고, 상대에게도 폐를 끼치게 된다. 늘 주의하여 행동하도록 하자.

37
기다릴 때도 매너 있게!

응접실에서 상대를 기다리는 시간도 의미 있게 활용할 수 있다.
미팅 준비 상황 등을 두루 살피며 예의 있는 태도로 기다린다.

안내받은 장소에서 상대를 기다리며 미팅을 준비한다

손님으로 거래처를 방문할 때는 '손님=상석'이라는 개념 없이 겸손하게 행동하자.

응접실로 안내받으면 아무 곳에나 앉지 않도록 한다. 별도 권유가 있을 때까지는 말석 근처에서 대기한다. 거래처에서 상석을 권하면 '감사합니다'라고 인사한 뒤 앉는다. 성의를 극구 거부하는 것은 안내하는 사람에게도 실례다. 가볍게 인사를 하고 공손히 앉는다.

상대를 기다리는 시간은 미팅을 준비할 수 있는 잠깐의 틈이기도 하다. 가방은 아래쪽에 내려두고, 코트는 살짝 접어 등 뒤와 등받이 사이에 둔다. 수첩, 명함집, 필요 서류 등을 책상 위에 꺼내두고 미팅을 준비하자.

책과 신문이 놓여 있어도 마음대로 봐서는 안 된다. 만약 재떨이가 놓여 있더라도 담배를 피우는 것은 개념 없는 행동이다. 가져간 기념 선물이 있다면 상대에게 전달할 물건이니 책상 위에 올려둔다.

담당자가 노크하면 명함지갑을 들고 일어서서 인사한다. '바쁘신 중에 시간 내주셔서 감사합니다' 등 센스 있는 인사말을 더하면 호감도를 높일 수 있다.

선물은 인사와 명함 교환이 끝나고 본론으로 들어가기 전에 전달한다. 건넬 때는 선물의 정면이 상대에게 보이도록 한다(매듭이나 포장이 거꾸로 보이지 않도록 주의).

담당자를 기다리는 중에 차를 내온 사람이 '차 좀 드세요'라며 권유하면 먼저 마셔도 좋다. 단, 담당자가 입실한 뒤 음료가 다시 나왔을 때는 담당자가 권하기 전에 먼저 마시지 않는다. 동행자로 상사와 함께 있을 때는 상사가 권하며 먼저 입을 대면 마시도록 하자.

애써 준비해준 차를 입에도 대지 않는 것은 상대에 대한 실례다. 미팅 중에 대화에 집중하느라 마실 타이밍을 놓친 경우라면 면담이 끝나갈 때쯤에라도 다 마시는 것이 예의다.

6장
전화 응대

38 전화는 왜 다 내가 받아야 해?

전화는 손님과 직접 대화하는 매체로 한 회사의 얼굴이다.
전화 응대의 중요성과 의미를 알아보자.

회사가 존재하는 이유인 '고객'을 직접 대하는 기회

휴대전화 중심으로 삶의 방식이 바뀌면서 유선 전화를 쓰는 집이 점점 줄어들고 있다. 그만큼 '전화 받기 싫어'라며 전화 받기를 낯설어 하는 사람도 많아지고 있다. 휴대전화는 연락처에 저장된 사람이면 누구인지 알 수 있어 안심하고 받지만, 유선 전화는 번호가 보여도 그 번호가 어떤 번호인지 알 수 없어 꺼려진다는 것이 이유라 한다.

더구나 신입사원에게 용건이 있는 전화는 거의 없다. 사정이 이러하니 '나한테 걸려온 전화도 아닌데 왜 내가 받아야 하지', '받고 싶지 않고 받을 필요도 없지 않나'라고 생각하는 사람도 있을 것이다.

전화는 고객과의 소중한 접점이다. 회사를 대표하는 매개로써 회사의 이미지를 결정하는 중요한 역할을 맡고 있다. 이렇게 중요한 전화 응대를 신입사원에게 맡기는 데는 이유가 있다. 그것은 일에 대한 기초 능력을 키워야 할 시기에 전화 응대를 함으로써 회사 일에 익숙해질 수 있고, 고객을 기억하는 데 도움이 되기 때문이다. 더불어 전화 통화를 하면서 고객에게 '이번에 들어온 신입사원입니다' 하고 자신을 소개할 기회이기도 하다.

전화 예절은 기본만 확실히 알아두면 결코 두려운 일이 아니다. 우선은 다양한 상황에 대응할 수 있도록 필요한 사항을 미리 준비해두자.

1. '보류'나 '전환' 등 전화기의 기본 기능을 파악한다.

2. '비용 청구에 관련된 건이면 총무팀으로'와 같이 회사의 구조와 각 부서의 업무 영역을 파악하여 전화를 잘못 연결하는 일이 없도록 한다.

3. 내선 번호 표나 사무실 좌석 배치도 등을 준비하여 착오 없이 연결한다.

4. 회사 소개와 상품 목록 등 회사 정보를 알 수 있는 팸플릿을 준비하여 문의 사항에 기본적인 응대를 할 수 있도록 한다.

이때 특히 중요한 것이 전화기의 위치다. 글씨 쓰는 손의 반대쪽 손으로 수화기를 들 수 있도록 전화기를 둔다. 비즈니스 전화는 누구에게 걸려온 전화이며 누구에게 연결해야 할지, 전달할 말은 무엇인지 등 들으며 메모해야 할 사항이 많기 때문이다. 전화를 통해 고객과 만나고 있다는 사실을 늘 기억하자.

전화 응대의 기본 '신속·정확·공손'　　　　　　　　　　Column 9

전화 응대는 회사를 대표하는 것이며 회사의 이미지를 결정하는 중요한 역할을 한다. 항상 '나는 회사를 대표한다'는 마음으로 자신의 역할이 중요하다는 것을 알고 응대하도록 하자.

1. 신속하게
전화는 상대방이 기다리지 않도록 벨이 울린 후 세 번 안에 받는 것이 좋다. 만약 조금 늦었다면 '늦게 받아 죄송합니다'(다섯 번 이상 울리면 '기다리시게 해서 죄송합니다') 와 같은 사과의 말을 먼저 전한다.

2. 정확하게
전화는 상대에게 전할 용건이 있을 때 거는 것이다. 그러므로 상대가 말하는 용건을 착오 없이 접수하여 정확하게 전달하는 것이 중요하다. 그러기 위해서는 정확히 메모하고 구두로 상호 재확인하는 수고를 게을리하지 않아야 한다.

3. 공손하게
전화는 목소리만으로 커뮤니케이션하는 도구다. 표정이나 태도를 상대에게 보여줄 수 없다. 하지만 상대가 보이지 않아도 목소리 톤이나 말투로 상대방의 이미지를 연상할 수 있다. 웃는 얼굴이 연상되는 목소리를 '웃는 목소리'라고 한다. 웃는 얼굴과 웃는 목소리로 밝고 활기차게 통화한다.

전화 받는 방법

바로 받는다
- 메모와 펜을 미리 준비해둔다.
- 수화기는 글씨 쓰는 손의 반대 손으로 든다.

이름을 밝힌다
감사합니다. ABC상사의 ○○입니다.
- 세 번 이상 울렸을 경우는 '늦게 받아 죄송합니다'를 덧붙인다.

상대 확인
○○ 회사의 ○○ 씨 십니까?
- 적은 내용을 읽으며 다시 확인한다.

실례지만, 전화 주신 분 성함이 어떻게 되시나요?
- 이름을 밝히지 않을 경우는 먼저 묻는다.

인사
안녕하세요.

지명인 확인
○○ 말씀이시군요. 잠시만 기다려주십시오.
- 기다리게 하지 않는다(보류 모드는 최대 30초). 그 이상 기다리게 할 경우에는 중간에 보고하며 확인한다.

부재중일 경우 / *자리에 있을 경우*

연결 'XX 씨, ○○ 님 전화입니다'

사과
죄송합니다만, XX는 지금 외출 중입니다.
- 부재중인 경우는 반드시 사과한다. (*)

정보 제공
4시쯤에 돌아올 예정입니다.
- 상대가 묻기 전에 지명인의 복귀 예정 시간을 전한다.

의사 확인
돌아오시면, 저희 쪽에서 연락드릴까요?
- '어떻게 하시겠습니까?', '전하실 말씀이 있으면 남겨드릴까요?' 등이 좋다.

연락처 확인
죄송합니다만, 혹시 모르니 연락처를 알려주시겠습니까?
- 만약을 위해 확인해둔다.

반복 확인
다시 확인하겠습니다. 연락드릴 번호는 ***-****이고, ○○ 님이시지요?

이름을 밝힌다
저는 ○○라고 합니다. 말씀주신 내용은 잘 전달하겠습니다.
- 책임 소재를 명확히 한다.

끝인사
전화 감사합니다.
- 상대가 먼저 끊은 것을 확인한 뒤 수화기를 내려놓는다.

＊지명인이 부재중일 경우

- 통화 중

'죄송합니다, 찾으시는 분이 통화 중이시네요'라며 통화 중이라는 사실을 전한다. 곧 끝날 것 같으면 '곧 끝날 것 같은데, 조금 더 기다리시겠습니까? 아니면 끝나는 대로 전화 드리라고 할까요?'와 같이 상대방의 의향을 묻는다.

- 회의 중이나 손님이 와 있을 때

'죄송합니다. 지금 자리에 안 계십니다. ○분 후에는 돌아올 예정입니다'처럼 돌아오는 시간을 알린다.

- 외근이나 출장 중

'죄송합니다만 공교롭게도 ○○은 외근(출장) 중입니다. 0시 전후로 돌아올 예정입니다. (내일(○월 ○일)은 출근할 예정입니다)'처럼 언제 돌아오는지 확실히 전달하면 상대가 어떻게 할지 정할 수 있다. 사실을 전한 뒤 대답을 기다리자.

＊소재가 불명확한 경우

'조금 전까지 있었는데…'처럼 애매한 대답은 못 미더운 이미지를 준다. 자신이 자리를 비울 때는 '총무과에 다녀오겠습니다' 등 행선지를 명확히 밝히자. 찾는 사람이 휴식이나 화장실 등의 용무로 자리를 비운 경우에도 '죄송하지만 지금 잠시 자리를 비웠습니다' 정도로만 전달하는 것이 센스 있는 대응이다.

＊찾는 사람에게 메모를 남긴다

긴급한 용건이라면 '○○ 님으로부터 급한 연락이 왔습니다. 바로 연락 부탁드립니다'와 같이 구두로 함께 전달하자.

39 아침 인사는 몇 시까지?

정중하게 건넨 인사말도 때와 장소에 따라 실례일 수 있다.
상황에 맞게 구분하여 쓸 수 있도록 요령을 알아두자.

제때에 맞는 인사를 웃는 목소리로 건네자

'좋은 아침입니다'를 붙여 인사하는 것은 오전 11시까지가 적당하다. 그 이후는 '네, ○○ 회사입니다'라고 첫마디를 시작하는 것이 좋다. 전화를 받자마자 인사말을 속사포처럼 쏟아내면 상대가 알아듣지 못할 수 있으니 한 박자 쉬고 또박또박 말한다. 당신의 산뜻한 인사만으로도 상대의 기분은 크게 달라진다.

예를 들어 당신이 저렴한 투어 패키지를 찾는다고 가정해보자. A와 B 회사 양쪽 모두 요금이 같다. 이때 전화 문의를 했을 때, A사는 기분 좋게 인사하며 친절하게 대응해준 반면, B사는 바빠서인지 빠른 말투로 자기 할 말만 하며, 질문도 들어주지 않았다.

당신이라면 어느 쪽을 선택하겠는가? 백이면 백, A사를 '느낌이 좋은 회사'라 생각하여 선택할 것이다. 전화를 받은 본인에 대한 평가가 곧 회사에 대한 평가가 된다.

특히 전화상으로는 첫인상이 중요하다. 첫인상을 결정짓는 요인은 앞서 말한 대로 시각적 요인이 55%, 청각적 요인이 45%(목소리의 톤과 말투가 38%, 사용 어휘가 7%)라고 한다.

전화는 시각적 요인이 힘을 발휘할 수 없다. 이 때문에 목소리의 톤과 말투로 상대방의 표정과 대화하는 태도를 떠올리게 된다. 밝은 미소로 인사하면 자연스럽게 그 목소리도 밝아져 웃는 목소리가 되고 수화기 너머의 상대도 당신의 웃는 얼굴을 떠올릴 수 있을 것이다.

40 전화한 상대가 찾는 사람이 없을 때는?

전화를 건 사람의 목적은 당연히 지명인과 연락하는 것이다.
이것이 전화 응대의 핵심 임무라는 것을 기억해두자.

고객과 지명인을 이어주는 중개자로서 정중하게 행동한다

늘 바쁘게 돌아가는 회사인 만큼, 찾는 사람이 항상 자리에 있으란 법은 없다. 외출 중일 수도 있고, 회사 안이어도 회의나 손님맞이 등 다른 업무로 자리에 없을 때도 많다. 이럴 때는 전화를 받은 당신의 대응이 매우 중요하다.

먼저 '죄송합니다'라며 애써 전화를 걸은 상대가 찾는 사람이 부재중인 사실에 죄송한 마음을 표한다. 이어서 상황을 전한다. '지금 ○○중입니다'와 같이 상황에 따라 대답도 달라진다. 마지막으로 상황에 맞춰 다음의 세 가지 패턴으로 마무리한다. '돌아오는 대로 전화 드리도록 전달할까요?'라고 물어 다시 전화하도록 하거나 '저에게라도 괜찮으시면 용건을 말씀해주시겠어요?' 하며 본인이 용건을 듣고 대신 대응할 수 있다. 마지막으로 '어떻게 하시겠어요?'라고 상대의 의향을 묻는 방법이 있다. 이렇게 하면 상대도 편안하게 어떻게 할지 정할 수 있다.

비즈니스에서 시간은 곧 돈이다. 업무가 잘 이어질 수 있도록 효율적으로 전화 응대를 하는 것이 중요하다.

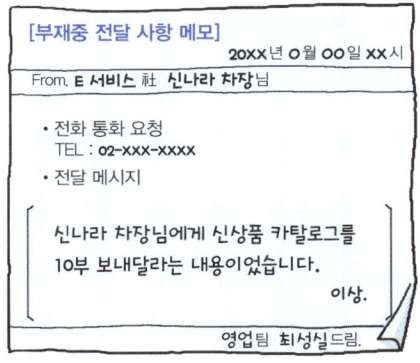

SNS에서의 비즈니스 매너

SNS(소셜네트워킹서비스, Social Networking Service)가 널리 퍼지면서 소셜미디어를 비즈니스에 활용하는 사례가 늘고 있다. 학창 시절에는 마음이 맞는 친구들과 부담 없이 SNS상에서 '수다'를 했을지 모르지만, 비즈니스에서 소셜미디어를 이용할 때는 상황이 다르다. 괜한 말썽에 휘말리지 않도록 소셜미디어의 비즈니스 매너를 알아두자.

1. 늘 누군가가 보고 있다는 점을 기억하자
SNS는 인터넷상에서 다양한 사람들이 볼 수 있다. 특정 개인에 접근하는 것이 어렵지 않다. 한 기업에서는 지원자의 페이스북을 확인 후 불합격을 통보하는 일도 있었다.
당신이 SNS상에서 발언하는 내용은 불특정 다수에게 영향을 미칠 수 있다는 점을 알아야 한다. 친구들과 소통하기 위해 SNS를 이용할 때도, 개인 보안 설정이 충분하지 않거나 친구들이 자신의 글을 인용하게 되어 뜻밖의 형태로 퍼질 수 있다. 어떠한 발언을 할 때는 인터넷상에 정보가 널리 노출될 수 있다는 점을 항상 염두에 두자.

2. 기밀정보를 누설하지 않는다
신상품 정보와 사내 문제 등 회사의 기밀이나 거래처 정보를 SNS상에 올리는 것은 절대 금지다. 한 개인이 블로그에 게재한 기사로 인해 정보가 노출된 기업의 주가가 한순간에 폭락한 일도 있었다.

3. 저작권이나 초상권을 침해하지 않는다
유명인의 사진이나 원고 등을 허락 없이 사용하는 것은 저작권이나 초상권 침해에 해당하며 소송까지 초래할 수 있다. 유명인을 거리에서 본 것을 누군가와 공유하고 싶은 마음은 당연하지만 함부로 SNS에 동영상을 올리는 것은 자제하는 것이 좋다.

4. 일방적으로 친구 신청을 하지 않는다
모르는 사람이 갑자기 친구 신청을 하는 것은 실례가 될 수 있다. 또 회사 상사나 거래처 사람 등을 발견했다고 사전 메시지도 없이 친구 신청을 하는 것도 바람직하지 않다. 물론 이를 통해 취미나 취향을 알게 되면 고객과 연결 고리가 생겨 업무 진행이 수월해지는 등 도움이 될 수도 있으니 사전에 양해를 구한 뒤 친구 신청을 하는 것이 좋겠다.

5. 영업 활동은 자제한다
소셜미디어가 비즈니스에 이용되는 것은 어디까지나 정보를 공유하는 장으로써 인정되는 것이다. 자사의 상품, 서비스, 세미나 등을 메시지로 보내는 것은 매너가 아니니 주의가 필요하다.

6. 카카오톡 등 톡 형식의 매체 이용
간단한 업무 연락은 카카오톡으로 해도 괜찮다는 의견을 가진 사람도 많아졌다. 여러 사람과 동시에 연락할 수 있다는 장점과 수신 확인 기능, 경비 절감 등의 이유로 사내 이용에 관대한 회사도 늘고 있으니 사내 규칙을 먼저 확인하여 활용하도록 하자.
단, 어디까지나 업무상이니 지나치게 솔직하고 편한 분위기에 존댓말을 쓰는 것마저 잊는 일이 없도록 조심하자. 또 '오늘 휴가를 내겠습니다' 등 근태에 관한 것을 톡으로 보내는 것은 상식 없는 행동이다. 전화로 연락하여 공식적으로 업무 인계를 해두자.

41 잘못 걸려온 전화는 어떻게 하나요?

잘못 걸려온 전화를 받았을 때는 아무리 바빠도 짜증 내지 않고
홍보할 기회로 생각하는 발상의 전환이 필요하다.

잘못 걸려온 전화일지라도 상대방은 손님이다

잘못 걸려온 전화라는 사실을 알더라도 '잘못 거셨어요'라는 부정어는 쓰지 않는 것이 좋다. 모든 사람은 부정적인 말에 약하다.

잘못 걸려온 전화라도 상대는 손님이다. 어쩌면 거래처 사람일지도 모르고, 지금은 거래 중이 아니더라도 언젠가는 고객이 될지도 모른다. 그러므로 좋은 인상을 남기는 것이 중요하다.

잘못 걸려온 전화도 홍보 차원에서 다시 한 번 회사명을 분명히 밝히고 이쪽 전화번호를 전달한다. 이렇게 함으로써 상대방이 번호를 잘못 눌렀다는 것을 알려줄 수 있다. 혹은 '여기는 ○○ 회사 영업팀입니다만, 몇 번으로 거셨습니까?' 등의 질문으로 번호를 확인하자.

번호가 맞다면 상대가 잘못 기억하고 있거나 가지고 있던 자료에 인쇄가 잘못되어 있는 경우 또는 이야기가 잘못 전달된 경우 등을 생각해 볼 수 있다. 이럴 때는 다음과 같이 대응해보자.

'번호는 맞지만, 그 번호는 저희 ○○ 회사의 번호입니다'

번호가 맞으면 상대는 더 당황스러울 것이다. 그러므로 실수를 탓하는 듯한 말투로 말하지 않도록 조심하자. 번호가 잘못되었다면 '실례합니다만, 번호를 잘못 누르신 것 같습니다'라고 답한다. 일부러 말끝을 흐리면 부드러운 인상을 줄 수 있다.

바쁠 때 잘못 걸려온 전화야말로 웃는 얼굴과 웃는 목소리로 받아야 한다. 그럼 당신의 마음에도 여유가 생길 것이다.

42 전화를 잘못 걸었을 때는?

전화를 잘못 걸었을 때는 원인을 확인하고
수화기 너머의 상대에게 실례가 되지 않도록 정중하게 대응한다.

전화를 잘못 걸었더라도 마무리는 깔끔하게

누구나 한번쯤 전화를 잘못 걸었을 때 순간적으로 당황해서 사과도 없이 끊어버린 경험이 있을 것이다. 반대로 바쁜 중에 전화를 받았는데 통성명하는 순간 철컥하고 전화가 끊긴 적도 있을 것이다.

잘못 걸린 전화를 받고 불쾌해지는 것은 모두 마찬가지다. 그러므로 상대방 전화번호는 명함이나 거래처 명부를 통해 꼼꼼히 확인하여 실수 없이 정확하게 눌러야 한다. 어쩌다 잘못 걸게 되었다면 회사 이름을 홍보할 기회라고 생각하고 분명히 말해보자.

'저는 ○○ 회사의 □□라고 합니다. 실례지만 ××××-×××× 번으로 걸었는데 △△ 물산 아닌가요?' 그런 뒤, 번호가 다르다는 사실을 지적받게 되면 '아, 죄송합니다. 제가 전화를 잘못 걸었습니다'라며 공손히 사과하고 전화를 끊는다. 같은 실수라도 '괜찮은 회사네'라는 인상을 줄 수 있다.

더불어 번호를 잘못 누른 것인지, 메모를 잘못한 것인지 등 그 원인을 확인할 수 있어 같은 실수를 반복하지 않을 수 있다. 잘못 건 곳의 상대가 고객이거나 거래처일 수도 있다. 정중함을 잊지 말자.

단축 다이얼로 번호를 등록해놓은 경우는 번호를 잘못 누르지 않도록 특히 조심해야 한다. 지인이나 거래처에 불편을 줄 뿐 아니라, 전화를 걸 용건이 없었는데 잘못 걸었다고 말하기는 민망할 것이다.

43 피하고만 싶은 불만 전화, 현명한 대처법은?

누구든 긴장하게 만드는 불만 전화는 평정심을 유지하고
핵심을 파악하여 정중하게 대응하자.

능숙한 대응으로 위기를 기회로

불만은 '두려운 것', '피하고 싶은 것'이라고 여기는 사람이 많다. 그렇지만 불만을 부정적으로만 생각할 필요는 없다.

'불만'은 다르게 말해 회사는 미처 눈치채지 못한 부분을 알려주는 '알람'이라고 할 수 있다. 말하자면 '고객으로부터의 선물'인 셈이다. 책임감과 성의를 갖고 대응하면 회사에는 득이 된다. 고객은 자신의 주장을 상대방이 잘 듣고 대응해주면 만족스러운 대우에 그 회사의 인상까지 다르게 평가한다. 분명 '불만 처리가 확실한 회사'라는 느낌을 받아 이전보다 더 호의를 갖게 될 것이다.

불만 전화는 처음 전화를 받은 사람의 대응이 부족하면 고객이 가지고 있던 불만에 또 다른 불만이 더해지는 경우가 있다. 이를 2차 컴플레인이라고 한다.

불만 전화를 받았을 때 상대를 오래 기다리게 하거나 이쪽저쪽 전화를 돌리며 떠넘기는 행동은 고객의 화를 더 키울 수 있다. '제가 담당자가 아니라서', '다른 방법이 없어서' 등의 핑계를 대며 책임을 회피하려고 하는 것도 바람직하지 않다.

고객의 이야기를 끊지 않고 끝까지 들어주는 것도 중요하다. 피하지 않고 성실하게 고객을 마주하고 진심 어린 태도로 침착하게 대응하는 것이 핵심이다. 불만을 능숙하고 철저하게 처리하면 고객을 당신의 팬으로 만들 수 있다.

불만 전화 대처법

'불만 전화'를 받으면 순간 긴장하게 된다. 너무 긴장한 나머지 고객에게 말실수를 하게 된다면 상황은 더 악화된다. 아래 정리된 내용을 반드시 염두에 두고 고객이 주는 '선물'을 감사히 받자.

1. 한정된 대상에 관해 사과한다
우선 상대의 감정을 달래기 위해 사과를 하자. 모든 것이 아닌 '어떤 부분'에 대해 죄송하다는 것인지 대상을 한정하는 말을 사용한다. '보낸 상품이 깨져 있었다는 말씀이시군요'라며 일단 상대의 말을 수용하고 '불편을 끼쳐 대단히 죄송합니다' 또는 '언짢으시게 해 정말 죄송합니다'라고 덧붙인다.

2. 상세한 불만 내용을 듣는다
불만 전화는 그 상황을 파악하는 것이 중요하다. '죄송합니다만, 조금 더 자세히 말씀해주실 수 있으실까요?'라며 이야기를 끌어낸다. 상황을 제대로 파악하기 위해서는 반드시 메모가 필요하다. 향후에 대응 방법을 생각할 때 도움이 된다.

3. 이름과 연락처를 묻는다
불만을 표하는 고객은 이름을 밝히지 않은 채 무턱대고 쏟아내는 경우가 있다. 상대의 이야기가 일단 마무리되면 반드시 '저는 ○○라고 합니다. 자세히 알아보겠습니다. 고객님 성함을 여쭈어도 될까요?', '죄송합니다만, 혹시 모르니 연락처를 남겨주실 수 있을까요?'라고 이름과 연락처를 확인해두자.

4. 대책을 전한다
이때는 조사한 뒤 다시 연락하도록 대응하는 방법이 좋다. 이렇게 하면 상황 확인이나 원인 추적, 해결책 등을 생각할 시간도 벌 수 있다.
'죄송합니다만, 확인하는 데 ○분 정도 걸릴 것 같습니다. ○시 ○분쯤 저희 쪽에서 다시 연락을 드리고 싶습니다만, 시간 괜찮으신가요?'라고 제안한 뒤, 상대가 동의하면 '저는 ○○라고 합니다. 제가 접수했습니다'라며 잊지 않고 본인을 밝혀둔다.

5. 도저히 자신이 감당할 수 없을 때는 선배나 상사에게 연결한다
자신이 담당자가 아닌 경우 등 손님의 질문에 답하거나 대응할 방법이 전혀 감이 오지 않을 때는 신속히 담당자나 상사에게 전달한다. 독단적으로 대처하거나 적당히 얼버무리면 또 다른 문제를 만들 수 있으니 조심하도록 한다. '자세히 아는 담당자에게 연결해 드릴 테니 잠시만 기다려 주시겠습니까?'라고 처리 방법을 먼저 안내한 뒤, 보류 버튼을 눌러 담당자에게 연결한다.
연결할 때는 지금까지 들었던 내용을 모두 전달하는 것이 중요하다. 같은 이야기를 두 번 이상 하게 되면 고객의 분노가 더 커질 수 있다. 구두로 전달하면 시간이 많이 걸려 손님을 기다리게 하므로 일의 경위는 메모로 전달하자.

불만 제로를 목표로 노력해도 불만은 어쩔 수 없이 발생하기 마련이다. 어떤 경우라도 성실한 태도를 유지하고 고객의 마음을 그대로 받아들여 우선 신뢰 관계를 만들 수 있도록 한다.

자신의 이름을 밝히지 않는 상대에게는 어떻게 대응할까?

고객 중에는 자신의 이름을 밝히지 않고 갑자기 '○○ 팀장 좀 부탁해요'라고 연결을 요청하는 경우가 있다. 그럴 때는 다음과 같은 문구를 활용해보자.
'죄송합니다만, 성함을 알려주실 수 있을까요?' 정도가 좋다. '성함 부탁드립니다' 와 같이 어법에 맞지 않는 표현은 좋지 않다. 이름은 물건이 아니므로 타인에게 부탁할 수 없다는 점을 염두에 두자.

44 상대방 목소리가 잘 들리지 않는다?!

잘 들리지 않는 전화는 신속한 대응으로 효과적인 커뮤니케이션이 되도록 한다.

상대를 탓하는 말은 절대 금물! 매너 있게 대한다

상대의 목소리가 잘 안 들리는 경우가 종종 있다. 그렇다고 '안 들리는데요'라며 직설적으로 말하면 상대는 '당신의 목소리가 작아서 들리지 않아'라고 비난하는 것처럼 느낄 수 있다.

몇 번씩 '네? 네?'라고 되묻는 것도 좋은 인상을 주지는 못한다. 이럴 때 쉽게 사용해볼 만한 대사를 소개하자면 다음과 같다.

'죄송합니다만, 전화 연결 상태가 좋지 않은 것 같습니다. 다시 한 번 말씀해주시겠어요?'라고 잘 들리지 않는다는 뉘앙스의 말을 한마디 덧붙이고 거기에 쿠션 언어를 사용하여 정중하게 부탁한다. 단, '다시 한 번 말씀해 주세요'라는 말은 상대에게 명령하는 느낌이 든다. '~해주시면 안 될까요?'라고 정중하게 부탁해보자.

아무리 노력해도 도저히 알아들을 수 없고 음성이 끊어지거나 아무 소리가 들리지 않는 전화는 다음과 같이 해보자.

'죄송합니다. 전화 연결 상태가 좋지 않아서 아무 소리도 들리지 않습니다. 제 목소리 들리시나요?' 하고 물은 뒤, '죄송하지만 잘 들리지 않아서요. 다시 걸어주시겠어요? 일단 끊어보겠습니다. 죄송합니다'라고 말한 뒤 끊으면 만일 당신의 목소리가 상대방에게 들리고 있었더라도 무례한 인상을 주지는 않는다.

상대가 보이지 않고 상대의 목소리가 들리지 않아도 언제든 항상 공손한 태도를 갖추도록 하자.

45 유난히 말이 빠른 고객의 전화는 어떻게?

상대의 말이 너무 빨라 무슨 말을 하는지 알 수 없을 때는
먼저 차분하게 되물어 올바른 정보를 얻을 수 있도록 한다.

'천천히, 분명한 태도'로 공손히 확인한다

상대의 말이 너무 빨라 회사명을 알아들을 수 없거나 모르는 회사 이름이어서 한 번에 알아듣기 어려울 때가 있다. 이럴 때는 조심스럽게 확인하자. '죄송하지만 다시 한 번 말씀해 주시겠습니까?'

상대가 다시 이름을 말해주었으나 역시 알아듣기 어렵다면 거듭 확인해보자. '정말 죄송합니다만, 다시 한 번 말씀해 주시겠습니까?'

확인하였으면 '감사합니다. ○○ 물산의 ○○ 님이시군요. 감사합니다'라며 인사를 전한다. 일부만 확인할 수 있었다면 알게 된 부분까지 다시 물어보며 불분명한 부분을 확인한다. '죄송합니다. ○의 뒤를 다시 한 번 말씀해주시겠어요?' 이렇게 물으면 상대는 불분명한 부분만 반복하여 알려줄 것이다. 단, 몇 번씩 되묻는 것은 반갑지 않을 수 있으니 최대한 한 번에 알아듣도록 노력하자.

여기서 한 가지 요령을 소개하자면 첫마디를 또박또박 '천천히, 그리고 분명히' 꺼내는 것이다. 사람은 무의식적으로 상대의 속도에 맞추려고 한다. 당신이 '네, (한 박자 쉬고) ○○ 회사입니다, ~있습니다'처럼 차분히 이야기하면 상대방 또한 자신도 모르게 속도를 늦추게 된다.

마찬가지로 당신의 속도가 빠르면 상대는 더 빨라진다. 메모하기 쉬운 속도를 고려하여 첫마디를 꺼내는 것이 좋다.

46
모릅니다 vs 확인해보겠습니다

같은 의미의 말이라도 표현과 방법에 따라 상대에게 다른 인상을 준다.
말할 때는 미묘한 어감의 차이를 염두에 두자.

긍정형의 말은 고객을 안심하게 한다

고객이 모르는 것을 물어봤다고 해서 '모르겠어요'라는 부정적인 표현을 쓰는 것은 좋지 않다. 무성의하게 얼버무리는 것처럼 느껴질 수 있다. 이런 때는 '확인해보겠습니다'라는 긍정형의 표현이 적절하다. 이 또한 처음에 바로 답할 수 없는 점에 관해 사과부터 한 뒤, 그 후에 대책을 전달한다.

'죄송하지만, 확인해보겠으니 잠시만 기다려주시겠습니까?'

그리고 일단 전화를 보류 상태로 해두고 바로 자료를 찾아보거나 선배나 상사에 확인하여 상대에게 올바른 정보를 전하자. '아마 ~라고 생각합니다만……'과 같이 애매한 답변은 바람직하지 않다. 부정확한 정보는 문제의 원천이 된다. 회사에 대한 신뢰를 무너뜨리는 지름길이므로 절대 하지 않도록 주의한다.

하지만 참고할 자료가 없거나 주위 사람들이 모두 통화 중이라 알아보는 데 시간이 걸릴 때는 일단 전화를 끊고 확인 후, '즉시' 다시 한다. '죄송하지만 확인하고 바로 다시 연락 드리겠습니다, 괜찮으실까요?' 이때 반드시 상대의 전화번호와 이름을 알아두고, 확인하는 대로 최대한 빨리 회신하는 것이 포인트다.

47 휴대전화에도 비즈니스 매너가 있다고?

휴대전화는 이제 비즈니스에서도 빼놓을 수 없는 한 부분이다. 생각해보지 못했던 의외의 상황에 필요한 비즈니스 매너를 확인해보자.

편리한 만큼 주의해서 사용한다

정신없이 바쁜 비즈니스 세계에서 언제 어디서나 연락되는 휴대전화는 필수 도구가 된 지 오래다. 비즈니스를 하는 사람이라면 휴대전화 이용 매너를 지키고 현명하게 쓸 줄 알아야 한다. 이를 위해 기본 규칙을 확실히 숙지하자.

휴대전화의 비즈니스 매너는 기본적인 휴대전화 매너에 비즈니스 매너를 더한 것이다. '남에게 폐를 끼치지 않는다', '공공장소에서는 사용하지 않는다' 등 기본적인 매너를 지키는 것이 먼저다. 그리고 다음과 같은 점에 주의하자.

• 상대방의 휴대전화로 전화를 걸 때

우선 회사명과 본인의 이름을 밝히고 인사한다. 그리고 상대의 상황을 배려하여 '지금 시간 괜찮으세요?'라고 묻는다. 휴대전화로 걸었으니 상대가 지하철 안이나 회의 시작 직전일 수도 있다.

'지금 전철 안인데요…' 그럴 때는 '○○ 관련 건입니다만, 몇 분 뒤에 다시 전화 드리면 될까요?'라고 상대의 의향을 묻는다. 통화가 바로 될 때는 용건을 간결하게 전하고 바로 끊는다.

또한 상대에게 물어볼 것을 깜박하는 일이 없도록 전화를 걸기 전에 용건을 메모해둔다.

• **휴대전화를 받을 때**

우선 회사 이름을 밝힌 뒤, 이름을 말한다. 통신 상태가 좋지 않은 곳에서 수신한 경우는 '죄송합니다. 지금 이동 중이니 ○분 뒤에 제가 전화 다시 드리겠습니다'라며 정중히 사과하고 나중에 다시 건다.

보행 중에 전화가 오면 다른 보행자에게 방해가 되지 않도록 한쪽 길가로 이동하여 작은 소리로 통화한다. 부디 휴대전화에 휘둘리는 일이 없기를 바란다.

'잠시'와 '바로'

'잠시 기다려주시겠습니까?'의 '잠시'란, 어느 정도의 시간을 말할까? 비즈니스 전화에서 보류 상태로 상대방을 기다리게 하는 시간은 최대 30초까지다.

그렇다면 '바로'는 어떨까? '바로 다시 연락드리겠습니다' 하면 허용 시간이 최대 10분 이내다. 확인 및 대응을 하는 데 시간이 더 필요할 것 같으면, '저녁 5시까지는 연락드리겠습니다'와 같은 말로 미리 여유 있게 시간을 확보해둔다.

시간을 지키지 않으면 신뢰를 잃을 수 있다는 점을 명심하고, 기한을 정하면 반드시 그 시간까지 연락하는 습관을 들이자.

6장
전화 응대

비즈니스를 위한 휴대전화 사용법

휴대전화와 스마트폰(이하, 휴대전화)은 개인의 사생활과 비즈니스 상황을 명확히 구별해서 사용하자.

· 업무 시간 중 개인 용무로 휴대전화를 사용하지 않는다

업무 시간 중에 업무 외적으로 휴대전화를 사용하는 것은 옳지 않다. 게임을 하거나 메시지를 체크하는 등 사적인 용무는 하지 않도록 한다.

· 회사가 지급한 휴대전화는 사적으로 사용하지 않는다

회사에서 지급한 휴대전화는 회사의 경비다. 개인용으로 쓰는 것은 예의가 아니다. 개인적 용무로 걸려온 전화일 경우에는 업무 시간 외에 개인 휴대전화로 다시 걸자.

· 회의나 상담 중에 휴대전화를 책상 위에 올려두지 않는다

미팅 중에 큰소리가 울려 퍼진다면 앞에 자리한 상대방에게 실례다. 다른 회사에 방문했을 때나 회의 중에는 전원을 꺼두거나 무음으로 해둔다.

· 휴대전화를 시계 대신으로 사용하지 않는다

시계나 타이머 대신 휴대전화를 사용하는 것은 상대방에게 실례가 될 수 있다. 비즈니스에서는 손목시계를 착용하는 것이 사회인의 기본 매너다.

· 정보 누설에 주의한다

업무에 사용하는 휴대전화라면 반드시 비밀번호를 설정해두어야 한다. 통화는 작은 소리로 한다. 주변에 불편을 끼치는 것은 물론, 중요한 정보가 유출될 수도 있다. 회사 밖에서 사용하는 경우는 경쟁사 직원들이 어디에 있을지 모르니 고유 명사나 기업 이름은 말하지 않도록 한다.

휴대전화로 촬영을 하거나 동영상을 보낼 때는 저작권과 프라이버시 등에 유의하여 잘못 보내지 않도록 각별히 조심하자.

Column 12

· 보행 중이나 운전 중에 휴대전화를 사용하지 않는다

휴대전화를 보면서 걷는 것은 매우 위험하다. 계단이나 지하철역 홈에서 추락하는 등 자신뿐 아니라 주위 사람도 함께 사고를 당할 수 있다.

또한 운전 중에 휴대전화를 손에 들고 사용하는 것은 엄연히 불법이다. 운전 중에는 '블루투스 모드(드라이브 모드)' 등으로 설정하여 걸려온 전화에 당황하는 일이 없도록 한다.

· 자동 응답 메시지를 남기는 방법

자동 응답 메시지를 남길 때는 수신자를 확인할 수 없으므로 '○○ 회사 △△ 님이신가요?'라고 상대를 확인한 뒤 '저는 무한상사의 ○○라고 합니다. 안녕하십니까'라고 자신의 이름을 밝혀 실수를 방지하도록 한다.

그다음 '견적 관련 건으로 전화 드렸습니다'와 같이 용건을 간략하게 설명한다. 착신 이력만 남기고 메시지를 남기지 않으면 무슨 일이었는지 몰라 상대방이 불안해 할 수 있으니 대략의 메시지라도 남기자.

'죄송합니다만, 메시지를 들으시면 제 휴대전화로 연락 주실 수 있을까요? 전화번호는 010-1234-XXXX입니다. 연락 부탁드립니다' 정도가 바람직하다. 시간과 전화번호 등 중요한 부분은 상대가 알아듣기 쉽게 천천히 또박또박 발음하는 배려가 필요하다.

· 휴대전화 문자 메시지를 업무차 사용하는 경우

'출장 중이라 문자 메시지로 드립니다'라며 양해의 말을 덧붙이고 비즈니스 용어를 사용하여 정확하게 메시지를 작성한다.

48
명함에 있는 휴대전화 번호로 연락해도 될까?

비즈니스상의 연락은 회사 대 회사의 관계상 용건이 있을 때 이루어진다.
기본적으로 휴대전화보다는 회사 연락처가 우선임을 기억하자.

어느 쪽으로 연락하는 것이 좋은지 미리 확인한다

휴대전화가 좋은 점은 무엇보다 언제 어디서든 바로 상대와 연락할 수 있다는 점이다.

업무상 외출이 잦은 영업 담당자인 경우, 회사전화와 휴대전화 번호가 모두 쓰여 있는 명함을 사용한다. 받은 명함에 휴대전화 번호가 있다면 그 자리에서 바로 연락할 때는 어느 쪽이 좋은지 물어보자.

상대가 '연락은 휴대전화로 주시면 좋습니다'라고 말할 경우는 급한 용건이 아니더라도 휴대전화로 연락하고, 회사로 연락해달라고 하면 긴급한 용건이라도 우선 회사 번호로 연락한다. 상대가 외출 중이라면 휴대전화로 연락해도 괜찮을지 연결해주는 사람에게 확인한 뒤 연락한다.

휴대전화로 연락할 때는 시간대에 주의한다. 회사로 연락할 때와 마찬가지로 업무 시간에 연락하는 것이 기본이다. 이른 아침이나 점심시간, 휴일은 피하는 것이 좋다. 휴대전화라는 매체의 편리성 때문에 무심코 늦은 시간에 연락하기 쉬운데, 이 또한 예의가 아니니 자제하자.

전화가 연결되면 우선 '○○ 회사의 △△입니다. 안녕하세요'라고 이름을 밝히고 예의 바르게 인사한다. 상대방이 이름을 밝히지 않을 때는 '△△ 회사의 □□ 님 맞으신가요?' 하고 확인한 뒤 본론으로 들어간다.

전화벨이 5~10번 정도 울리고도 상대가 받지 않으면 회의 중이거나 이동 중인 경우 등 받을 수 없는 상황이므로 일단 전화를 끊은 후, 무슨 용건으로 전화했는지 상대가 알 수 있도록 대략의 용건을 메시지로 남기는 것이 상대방에 대한 배려다.

49
동료의 휴대전화 번호를 알려줘도 괜찮을까?

전화를 건 사람이 '담당자와 급히 연락이 필요하다'라는 요청을 할 때, 당신이 할 수 있는 일을 먼저 생각해보자.

사전 동의 없이 다른 사람에게 알려주면 안 된다

손님이나 거래처에서 찾는 사람이 부재중일 때, 간혹 그 사람의 휴대전화 번호를 물어올 때가 있다. 하지만 지명인 본인이 동의한 경우가 아니라면 휴대전화 번호나 집 주소와 같은 '개인 정보'는 함부로 공유해서는 안 된다.

회사에서 받은 휴대전화라도 함부로 번호를 알려주는 일이 없도록 한다. 번호의 공유 여부는 손님과의 관계에 따라 다르기 때문에 판단은 본인이 해야 한다. 섣부른 판단으로 타인의 정보를 알려주는 일이 없도록 주의하자.

상황이 시급하여 어떻게 해서든 바로 연락을 해야 한다고 부탁할 경우는 '그럼 제가 ○○에게 연락해보고 □□ 님(전화를 건 사람)께 직접 연락드리도록 전하겠습니다. 괜찮으실까요?'처럼 이쪽에서 연락하겠다는 뜻을 전하고 동의를 구한다. 그리고 전화를 걸어온 상대의 연락처를 물어 남겨둔다. 전화를 끊으면 바로 지명인에게 연락하여 상황을 전한다.

'저는 ○○의 친척인데요, ○○의 어머니가 갑자기 쓰러지셨어요. 급하게 연락하고 싶은데 휴대전화 번호 좀 알려주시겠어요?'와 같이 가족이나 친척에게서 전화가 오는 일도 있을 수 있다. 하지만 가족이나 친척 행세를 하며 번호를 알아내려는 사람일 수 있으니 함부로 알려주지 않는 것이 좋다.

단, 정말 친척일 경우 '휴대전화 번호는 개인 정보라 알려드릴 수 없습니다'라며 말하면 불쾌할 수 있으니 '죄송합니다만, ○○는 지금 외부에서 연락이 어려운 곳에 있습니다. 제가 다른 사람을 통해 연락해 보고 바로 전화 드리도록 해도 될까요?'라는 임기응변으로 넘겨도 좋다.

'큰일이네요'와 같이 상대를 배려하는 말을 전하며 '상태는 어떠신가요?', '병원은 어디인가요?' 등 대략의 정보를 확인하여 지명인에게 함께 전달하자. 만약 장난 전화라면 이때 차단이 가능하다.

7장
업무 방식

50 상사와 만나기 어려울 때는?

많은 사람이 강조하지만, 보고, 연락, 상담을 제대로 하기는 의외로 쉽지 않다.
업무의 기본이 되는 '호렌소' 원칙을 배워보자.

상사의 분위기를 살펴 보고할 시간을 정한다

'제때 보고만 잘해도 반은 간다'라는 선배들의 말을 들어본 적이 있을 것이다. 일본의 대표적 기업 문화인 '호렌소報連相' 원칙은 '보고報告', '연락連絡', '상담相談'의 일본어 첫글자를 따서 만든 말(시금치와 동음이의어)이다. 이 세 항목은 조직에서 일을 진행해나가는 데 기본이 되는 원칙이다.

시금치도 신선할 때 먹어야 하는 것처럼 보고도 제때 하는 것이 중요하다는 뜻으로, 주어진 업무와 상황에 맞춰 '호렌소' 원칙을 염두에 두고 일해보자.

먼저 일이 끝나면 즉시 보고한다. 일은 보고가 되어야 비로소 끝난 것이다. '그 일은 어떻게 됐나?'라는 질문을 받기 전에 먼저 보고하자. 장기간에 걸쳐 진행되는 사안일 경우는 업데이트되는 내용을 수시로 알리고, 중간보고도 잊지 않도록 해야 한다. 지금 어떤 상태인지 순조롭게 진행되고 있는지 등 경과를 보고하자.

당신은 상사의 지시대로 일을 진행하고 있다고 생각하지만 그렇지 않을 수도 있다. 이때 중간보고를 하면 상사가 이를 알아차리고 피드백을 해줌으로써 일의 방향을 빠르게 바로잡을 수 있다. 또 사고가 발생해도 조기에 신속한 대응이 가능하므로 반드시 보고하는 습관을 들이자.

상사가 자리에 없는 시간이 많고, 늘 바빠 보여 말 걸기가 어려울 때는 상사의 분위기를 살펴보자. 서류를 다 읽었거나 통화가 끝났을 때처럼 분위기가 좋고 여유가 있어 보일 때를 파악해서 '○○건으로 보고 드리고 싶은데, 3분 정도 시간 괜찮으실까요?'라고 운을 떼는 것이 좋다.

'지금은 좀 바쁜데.'라는 대답을 받았다면 '그럼 시간 되실 때 알려주시면 다시 말씀드리겠습니다' 정도로 말하고 보고할 시간을 정해둔다.

'바빠 보이셔서 말씀드리기가 어려웠어요'와 같은 이유는 통하지 않는다. 부재중인 상사에게는 문자 메시지를 보내거나 간단한 코멘트를 적어 책상 위에 제출해두는 것도 효율적인 방법이다. '공사다망'한 상사라서 자주 부재중이라면 문서나 메일로 개략적인 내용을 서면 보고하고 이후에 짧게 구두로 확인받는 것이 좋다.

'호렌소' 원칙을 잘 숙지하고 실천한다면 당신에 대한 신뢰도를 높이는 데 밑거름이 되어 줄 것이다.

일 잘하게 하는 '호렌소' 원칙

Column 13

조직에서 일을 추진할 때 기본이 되는 '호렌소' 원칙은 단순히 '보고', '연락', '상담'을 했으면 끝이라는 말이 아니다. '보고', '연락', '상담'을 통해 현황을 파악하고, 의사소통을 긴밀히 하여 일을 잘 돌아가게 하는 것이 본래의 목적이다.

여기서 핵심은 '필요한 정보를, 필요한 상대에게, 정확하고 확실하게 전달하는 것'이다. '사소한 일이니까 말하지 않아도 되겠지' 하며 독단적으로 판단하지 않도록 '보고', '연락', '상담'을 생활화하자.

보고

보고란, 맡은 일의 진행 상황과 결과를 상사 또는 동료들에게 알리는 것이다. 효율적인 보고를 위해서는 다음의 네 가지를 기억하자.

- 묻기 전에 보고한다. (일이 끝나면 바로)
- 지시를 내린 사람에게 보고한다. (과장이 지시한 것을 대리에게 보고하면 이해하겠는가)
- 결론부터 말한다.
- 장기간에 걸쳐 진행되는 건은 중간보고를 한다. (센스 있게 상황을 수시로 보고한다)

보고는 '5W3H'를 고려하여 간결하고 알기 쉽게 전하는 것이 요령이다. 다음의 표를 참고로 생각을 정리하여 전달하자.

When	언제	일의 기한, 납기
Where	어디서	회의장, 미팅 장소 등
Who	누가 / 누구와	자사 및 상대 회사의 담당자 등
What	무엇을	업무의 내용
Why	왜	업무의 목적, 이유
How	어떻게	일의 방법, 절차
How many	얼마나	인원수, 수량
How much	얼마나	금액, 원가

연락

연락은 정보를 공유하기 위해 상대에게 전하는 것이다. 보고와 연락의 차이점은 말하는 내용의 시간 축이 다르다는 점이다. 보고는 과거에 일어난 일을 정리하여 전달하고, 연락은 미래로 연결되는 안건을 알리고 의사소통하는 것이다. 다음 예를 살펴보자.

- 보고: 기일에 맞추지 못했습니다.
  → 그래? 어쩔 수 없지 (더 빨리 말해주면 좋았을 텐데)

- 연락: 기한에 맞추기 어려울 것 같습니다.
  → 그래? 그럼 어떻게 할까? (대처 방안을 마련해볼 시간은 있겠어)

연락을 조기에 취함으로써 결과는 크게 달라진다. 이 때문에 나쁜 정보일수록 빨리 전달해야 한다. 정확한 연락은 발생한 시점에 신속하고 왜곡 없이 알리는 것이다. 구두로뿐 아니라 문서와 메일을 사용하여 정확히 전달하는 습관을 들이자.

상담

상담이란 혼자 해결하기 어려운 문제나 책임 범위를 넘어선 일이 발생했을 때, 상사나 선배에게 조언을 받는 것이다. 고민스러운 상황에서는 혼자 판단하지 말고 반드시 의논해야 한다. 이때 중요한 것은 문제점을 정리해두고 자기 나름의 생각을 정리해보는 것이다.

스스로 고민도 해보지 않고 '답을 가르쳐 주세요'라는 식의 태도는 바람직하지 않다. '그래서 넌 어떻게 하고 싶어?'라는 질문을 받았을 때, '저로서는 이렇게 하면 어떨까 합니다'와 같이 본인 나름의 생각을 갖고 있는 것이 비즈니스에서의 '상담'이다.

51 일의 우선순위는 어떻게 정할까?

일을 하다 보면 스스로 우선순위를 정해야 할 때가 있다.
효율적인 우선순위 결정법을 살펴보자.

긴급도와 중요도를 파악한다

부장과 팀장이 동시에 급한 일을 맡겼다면 어떤 것을 먼저 해야 할지 판단하기 어려울 것이다. 이미 하고 있던 일이 있어 다른 일을 당장 시작할 수 없다면 우선 하던 일을 중단하고 먼저 해야 할지 고민될 것이다. 그럴 때는 직속 상사와 상의해보자. 일은 긴급도와 중요도를 고려해 나누고 우선순위를 정하면 좋다(아래 표 참조).

1. 긴급도
시간이 제한되어 있는 일은 긴급도가 높다. 또 급한 일이 아닌 일이더라도 미뤄두면 긴급도가 점점 올라갈 수밖에 없다.

2. 중요도
목표 달성을 위해 바탕이 되는 일은 중요도가 높다. 한편, 필요한 일이라도 대체할 수 있는 사안이나 그 외 영향력이 크지 않은 일은 중요도가 낮다.

일의 우선순위 결정법

❶ 긴급도와 중요도가 모두 높은 것 예) 마감 기한이 있는 일
❷ 긴급도가 높고 중요도는 낮은 것 예) 갑작스러운 손님 방문, 전화·회의
❸ 긴급도가 낮고 중요도는 높은 것 예) 다음 업무 준비
❹ 긴급도와 중요도가 모두 낮은 것 예) 현황을 보고하는 전화나 대화

52 마감일이 아직인데 나중에 하면 안 되나요?

'약속을 지키는 것'은 비즈니스의 기본 중의 기본이다.
평소에 리스크를 잘 관리하고 약속을 지킬 수 있도록 시스템을 만들자.

지금 해야 할 일을 정확히 판단하자

'급한 일은 바쁜 사람에게 부탁하라'라는 말을 자주 듣는다. 왜냐하면 바빠 일하는 사람은 부탁받은 일을 미루지 않고 바로 시작하여 빠르게 처리하기 때문이다.

비즈니스 환경은 항상 변화한다. 일이 생각했던 대로 진행되지 않는 경우가 종종 있다. 아니 오히려 계획대로 순조롭게 진행되는 일이 거의 없다고 볼 수 있다. 그래서 일을 할 때는 여유 있게 진행하는 것이 중요하다. '이 일은 오늘 중에 끝내두자', '프레젠테이션 자료는 이번 주까지 해야지'처럼 어떤 일이든 원래 마감보다 좀 더 앞당겨 자신 나름의 마감 시간을 만들어두자.

예를 들어 요청받은 건이 오늘 중이면 오후 3시까지, 이번 주 중이면 목요일까지는 제출하도록 마감 기한을 정해서 진행하자. 빨리 끝내면 수정하는 데 여유가 생겨 꼼꼼하게 체크할 수 있고 돌발 상황이 발생해도 기한을 맞출 수 있다. 기한이 한 달이나 3개월 뒤인 탓에 '아직 한참 남았으니 여유 있네' 하고 미뤄두다가 결국 마감 직전에 곤란했던 사람도 있을 것이다.

이런 상황에 대비해 중간 스케줄을 세워두자. 스케줄에 마감 기한만 표시할 것이 아니라 '언제까지 얼마큼 진행하겠다'는 계획도 함께 적어둔다. 그렇게 하면 일을 조금씩 나누어 진행할 수 있고 마감 기한에도 맞출 수 있다.

53 감사 인사는 언제, 어떻게 전하면 좋을까?

비즈니스는 인연의 축적이다.
'점'을 '선'으로 만들어주는 만남에 감사하며 감사장을 적어보자.

감사의 마음은 바로 전하는 것이 예의다

고객과의 첫 미팅이 끝나면 감사의 인사를 표하는 습관을 들이자. 바쁜 가운데 시간 내준 것에 대한 감사의 뜻을 전한다. 중요한 용건으로 상급자가 면담에 응해준 경우라면 감사장을 쓰도록 하자. 적절한 타이밍은 물론 '즉시'다. 편지를 보낼 필요까지는 없다고 판단될 경우에는 감사 메일로도 충분하다. 방문이 끝난 뒤 돌아오면 바로 메일을 보내자(늦어도 2일 이내).

감사 메일에는 또 한 가지의 효과가 있다. 받은 명함을 보면서 상대방의 메일 주소를 입력하는 것은 생각보다 번거로운 일이다. 메일 주소가 길면 실수하기도 쉽다. 당신이 먼저 메일을 보내면 고객이 일일이 당신의 메일 주소를 입력하는 수고를 덜 수 있다. 즉, 상대가 당신에게 연락하기 쉬워지는 셈이다.

또 소개해준 사람에게도 인사와 함께 대략의 결과를 알리자. 누군가를 소개해준다는 것은 그리 쉽게 할 수 있는 일이 아니다. 소개해준 쪽은 '어떻게 되었을까' 하며 결과를 궁금해할 것이다. 그러므로 우선 소개해준 것에 대해 인사를 하며 '이번에 ○○ 님을 소개해주셔서 진심으로 감사드립니다'라고 확실히 인사하고 결과를 전한다.

아쉬운 결과를 얻었다 해도 '별로였어요'와 같은 직설적인 표현은 피하고, '아직은 시기적으로 어렵지만, 검토해 보신다고 합니다' 등 상대가 불편해 하지 않도록 배려하는 것이 좋다.

감사장을 써보자

Column 14

감사장은 정식 문서기 때문에 격식을 갖추어 쓴다. 검은색 펜으로 손편지를 적어보자. 손글씨가 자신 없는 사람은 컴퓨터로 작성해도 무방하다(글씨체를 손글씨 스타일로 선택하면 좋다). 이럴 때는 한 줄 정도 손글씨로 개인적인 메시지를 담아도 좋겠다.

받는사람 — 정지만 팀장님께

인사
안녕하세요.
귀사의 무궁한 발전을 기원합니다.

본문
오늘 바쁘신 중에 귀한 시간 내주셔서
진심으로 감사드립니다.
팀장님께서 말씀해주신 소중한 의견 덕분에 이번 프로젝트가 잘 진행될 수 있었습니다. 저 또한 많은 것을 배울 수 있었던 자리였습니다.

맺음말
앞으로도 많은 도움 부탁드리겠습니다.
감사합니다.

날짜 및 보내는사람
20○○년 ○월 ○일
최성실 드림

감사의 메일을 써보자

Column 15

먼저 메일 수신처가 될 상대의 회사명과 부서명, 이름을 기재한다. 법인일 경우는 정식 명칭으로 쓴다. 지나치게 격식을 차리지 않되 정중한 표현으로 감사의 뜻을 전해보자.

수신자
우리판매 주식회사
영업팀장 정지만 님

송신자 정보
인사말
무한상사의 최성실입니다.
바쁘신 중에 시간 내주셔서 감사합니다.

본문
맺음말
인사
팀장님께서 유익한 말씀 들려주셔서
정말 많이 배웠습니다.
앞으로도 부족한 부분은 많은 조언 부탁드립니다.
감사합니다.

서명
무한상사 영업팀 사원 최성실
TEL & FAX 02-xxxx-xxxx
E-mail choiss@xxx.co.kr

54 내 잘못이 아니어도 사과해야 한다?

때로는 고객의 불만 사항이 접수되기도 한다.
그럴 때는 회사의 대표로서 진심을 담아 성의 있게 사과한다.

사과하는 것도 중요한 업무 중 하나

업무를 하다 보면 자신의 실수가 아니더라도 사과해야 할 때가 있다. 그럴 때는 문득 '왜 내가 욕을 먹어야 하지?', '왜 내가 사과해야 하는 거지?'라는 생각이 들지도 모른다. 그러나 자신의 실수가 아니라 해도 회사로 인해 고객이 불편을 겪은 것은 사실이다. 그렇기 때문에 회사를 대표하여 먼저 성의 있게 사과하는 것이 옳다.

'난 담당자가 아니니까', '바빴으니까'라며 변명하고 싶겠지만, 그러면 상대는 더 불쾌해질 뿐이다. 대응하는 태도에 성의가 없으면 2차 컴플레인으로 번질 수 있다. 한 회사에 소속되어 있다면 그 회사의 대표이기도 하다. 이 점을 명심하여 정중한 태도로 성의 있게 사과하고 대응하도록 하자. 사과의 방법은 다음과 같다.

1. 불편을 끼친 점에 대해 사과한다.

2. 해결책으로 어떤 처리를 했는지(할지) 알린다.

3. 향후 이런 일이 없도록 주의하겠다는 뜻을 전한다.

문제가 발생했을 때는 최대한 빨리 대응하고 확실하게 사과하는 것이 중요하다. 일단은 바로 찾아가 사과한다. 시간이나 거리상 제약으로 찾아갈 수 없을 때는 전화로라도 직접 소통해야 한다. 그리고 다시 문서로 정중하게 사과하는 것이 적절한 방법이다.

사과 메일을 써보자   Column 16

우리 쪽의 실수로 사과 메일을 보낼 때는 사과의 마음을 성의껏 담는 것이 중요하다. 사과의 말과 함께 해결책을 제시한다.

· 우리 쪽에서 납품한 상품이 잘못 배송되었다는 연락을 받았을 때

E서비스 주식회사 신나라 차장 귀하.

무한상사의 나대용입니다. 항상 많은 도움주셔서 감사합니다.

이번에 저희 실수로 오배송이 된 점 대단히 죄송합니다.
바로 알아본 결과, 말씀하신 대로 상품 A를 보내야 했으나 B 상품이 발송된 것을 확인하였습니다. 주문하신 상품은 오늘 특급 택배 편으로 발송해 드렸으니 받으시면 확인 부탁드립니다.
상품에 반송용 송장도 동봉하였습니다. 번거로우시겠지만, 잘못 발송된 상품을 당사 쪽에 착불로 반송해주시면 감사하겠습니다.

앞으로 이런 일이 없도록 사전 점검 시스템을 더욱 강화하였습니다.
부디 너그러이 이해해주시길 부탁드립니다.

나대용 올림

무한상사 영업부 나대용
TEL & FAX 02-xxxx-xxxx
E-mail nadaeyoung@xxx.co.kr

배상, 올림, 드림의 차이   Column 17

'올림', '드림', '배상'은 일상생활에서 보내는 편지나 이메일뿐 아니라 업무 관련 메일, 혹은 청첩장과 같은 초대 글, 감사의 마음을 전하고자 하는 인사말 끝에 사용된다. '올림', '드림', '배상'은 모두 나를 낮추고 상대방을 높이는 의미를 갖고 있다. 하지만 각각 차이가 있으므로 잘 알고 사용해야 한다.

윗사람에게 쓸 때는 "○○○ 올림"과 "○○○ 드림"을 쓰고, 동년배에게 보낼 때는 "○○○ 드림"을, 아랫사람에게는 "○○○ 씀"을 사용하도록 정하고 있다. (출처: 국립국어원 표준화법)

배상
절하며 올린다는 뜻의 한자어로 나보다 나이나 지위가 높은 윗사람에게 편지 등과 같은 서신을 보낼 때 쓰는 아주 예스럽고 정중한 표현이다.

올림
순수한 우리말로 배상과 같은 의미이다. 아랫사람이 편지나 선물을 보낼 때 그것을 윗사람에게 올린다는 뜻으로 쓴다. 즉, 배상과 올림 둘 다 맞는 말이지만 순수한 우리말인 올림이라고 쓰는 게 더 바람직한 표현이다.

드림
드림과 올림은 비슷한 의미로 쓰이지만, "어떤 물건을 드리다"라는 의미를 갖고 있기 때문에 웃어른께 편지나 청첩장과 같은 초대나 감사의 문구를 적을 때는 드림보다는 올림이라고 쓰는 게 좋다. 드림은 거래처 등 연배를 떠나서 서로가 존중할 때 사용하는 표현법이며, 윗사람이 아랫사람에게 예를 갖출 때 올림, 배상보다는 드림을 쓰는 것이 어울린다. 한참 아랫사람일 경우에는 '씀'이라고도 표현한다. 어떤 글에는 드림은 동년배 또는 손아랫사람에게 쓰고 손윗사람에게는 올림을 써야한다고 하는데 꼭 그렇지는 않다. 손윗사람에게는 드림과 올림을 모두 쓸 수 있다.

55 혼자서 해결하기 힘든 문제는?

업무는 시시각각 달라지기 때문에 미처 생각하지 못했던 상황이 발생한다.
고민되는 일이 있다면 먼저 이야기를 꺼내 의논하는 것이 좋다.

고민은 솔직하게 털어놓고 상의한다

업무상 문제가 발생했을 때나 결정하기 어려운 일이 있을 때는 혼자 끌어안고 고민하거나 끙끙대지 말고 상사나 선배에게 상담하자. '실수한 것을 숨기고 싶다', '일 못 하는 사람으로 보이기 싫다'는 생각에 말을 꺼내기 어려울 수 있다. 하지만 독단으로 처리하거나 침묵하면 오히려 문제가 커져서 회사 전체의 신뢰도를 떨어뜨릴 수 있으므로 곤란한 일이 있으면 바로 상의한다.

이럴 때는 앞서 칼럼에서 소개한 두 가지 핵심을 준비하여 상사나 선배에게 상의해보자. '고객이 납기일을 일주일 앞당겨 달라는데, 저로서는 아무리 생각해도 이틀 정도 앞당기는 것이 최선일 것 같습니다. 누군가 도와주면 가능할 것도 같은데요, 어떻게 생각하세요?' 정도로 이야기를 꺼내보자.

먼저 스스로 생각해본 후 조언을 구해야 상상력과 문제 해결력을 높일 수 있다. 의논은 상대가 들어줄 시간이 있을 때 요청하도록 한다. 긴급히 처리할 업무로 바쁜 상사에게 시간을 내달라고 하면 눈치 없는 후배로 보일 수 있다. 비는 시간을 헤아려 '여쭤보고 싶은 건이 있는데 지금 시간 괜찮으세요?'라고 먼저 양해를 구한 후 의논하자. 도움을 준 선배에게는 '바쁘신데 시간 내주셔서 감사합니다. 많이 알려주신 덕분에 일을 잘 해결할 수 있을 것 같습니다'라고 감사의 말을 전하는 것도 잊지 말자.

상의했던 일이 무사히 해결되면 조언을 해준 선배에게도 결과를 알린다. 상대는 '그 이후로 어떻게 되었으려나' 하며 한동안 신경을 쓸 수 있다. 일이 마무리 된 후에도 아무 소식이 없으면 '뭐야, 걱정해봤자 나만 손해네. 다음부터는 알아서 하게 두지 뭐'라고 생각하게 된다.

막상 조언을 받았는데 결과의 방향이 달라 왠지 말하기 어려운 경우도 있겠지만 바쁜 중에 시간을 내서 함께 고민해주었다는 사실에는 변함이 없다. '덕분에 이렇게 되었습니다. 고맙습니다' 하며 감사의 마음을 담아 함께 보고하자.

피터 드러커의 시간 관리 요령

경영학의 대부인 피터 드러커는 다음의 세 가지를 자신에게 대입했다고 한다.

1. 더 빨리

2. 더 잘

3. 지금 해야 할 일을 미루지 않고

약속을 잡아 달라는 지시를 받았을 때, 상사의 눈앞에서 상대에게 전화를 걸어 방문 예약을 한다. '즉시, 확실하게' 실행하는 자세는 평가로도 직결된다.

8장
접대 및 회식

56 선배가 제안하는 술자리, 안 가면 안 되나요?

업무 외 시간에 회사 사람들과 어울릴지 말지는 개인의 취향에 따라 다르겠지만 커뮤니케이션의 기회로 활용하는 것도 좋다.

무리해서 함께할 필요는 없지만 감사의 마음은 표현하자

일이 끝난 뒤 상사나 선배에게 식사나 술자리를 제안받는 경우가 있다. 물론 억지로 가야 하는 것은 아니지만 가능하면 흔쾌히 응하면 서로 기분 좋은 자리가 될 것이다.

연배 있는 상사의 풍부한 경험에 바탕을 둔 귀중한 조언을 듣거나 편안한 분위기에서 선배와 업무에 대한 의미 있는 정보를 교환할 수 있다. 또 평소 할 수 없었던 사적인 이야기를 나누고 서로를 깊이 이해할 수 있어 동료들과의 거리를 좁히는 기회가 되기도 한다.

다만 어디까지나 일의 연장선이라는 점을 염두에 두고 예의를 지키도록 주의하자. 또 상사가 식사나 술자리 비용을 부담했다면 감사 인사를 잊지 않도록 한다. 물론 다음 날 지각은 있을 수 없다. 상사가 함께했었다 해도 자기 관리 능력을 보여주는 것이므로 이 점은 반드시 지키도록 한다.

몸이 좋지 않거나 선약이 있어 부득이하게 응하지 못할 때는 우선 권유에 대한 감사를 표한다. '불러주셔서 감사합니다만' 등의 쿠션 언어를 덧붙여 상사를 불쾌하게 하지 않도록 하자. 굳이 데이트가 있다는 등의 구체적인 이유를 말할 필요는 없다.

커뮤니케이션에서 말하지 않아도 알 것이라는 생각은 버려라. 사실은 가고 싶지만 공교롭게 약속이 있어서 오늘은 못 갈 것 같다고 다음에 꼭 다시 불러달라는 뜻을 성의 있게 전하자.

57 회사는 잊고 편하게 먹고 마시자?

편하게 마시라고 했지만, 회식도 엄연히 업무의 연장이다.
이 점을 잊지 말고 사회인답게 회식을 즐기자.

편한 자리라 해도 '예의'를 잊지 말자

격의 없는 술자리란, '상하구분 없이, 예의나 격식을 차리지 않고' 여러 사람이 즐기는 모임 자리를 말한다.

송년회나 신년회 등의 술자리에서 선배들이 말하는 '오늘은 다 잊고 편하게 먹고 마시자!'라는 말은 '직급이나 직위에 연연하지 않고 이 자리를 즐기자'는 뜻이지만 단순히 겉치레로 말하는 사람도 있다.

편한 술자리라고 해서 무례해도 괜찮다는 말은 당연히 아니다. 상사가 부하 직원의 속내를 듣고 싶어 편하게 마시자는 '구실'을 내세우는 경우도 많으므로 친구가 아니라 어디까지나 업무의 연장선에서 회사 사람과 마시고 있다는 사실을 잊지 말자.

또한 편하게 마시라고 해도 도가 지나친 행동을 하거나 과한 음주로 '어제 부장님께 뭐 잘못한 거 있던가? 아무것도 기억이 안 나는데'처럼, 다음 날 식은땀 나는 상황을 맞이하는 일이 없도록 하자.

'술은 마시지만, 휩쓸리지는 않을 것'. 이를 위해서는 자신의 주량을 생각해서 마시도록 한다. 취하기 쉬운 사람은 마시기 전에 숙취 해소제를 휴대하는 것이 좋다. 숙취가 심해 다음 날 일에 지장을 초래하지 않도록 하는 것도 사회인의 의무다.

58 '접대'가 왜 필요하죠?

접대의 목적은 회사 간 커뮤니케이션을 강화하는 것이다.
꼼꼼한 준비와 배려로 의미 있는 시간을 만들어보자.

거래처와의 친목을 도모하는 기회, 두루 살피고 배려하자

접대는 거래처와의 친분을 쌓기 위해 갖는 자리다. 회식을 하거나 골프, 노래방 등 다양한 활동을 함께함으로써 상대방과의 거리를 좁히고 긴밀한 관계를 만든다.

접대 자리에서는 미팅 때와는 달리, 평소 이루어지는 업무 대화만으로는 알기 어려운 취미나 가족 이야기 등이 화제가 되기도 한다. 취미나 출신 학교가 같다는 사실을 발견하면 더욱 친근감이 생긴다. 이렇게 의외의 연결 고리를 알게 되는 것도 접대의 힘이다. 우연한 접점이 인간관계에 윤활유가 되어 업무에도 긍정적인 영향을 줄 수 있다.

접대를 주최하는 경우는 제한된 예산 안에서 최대한 즐겁고 의미 있는 자리를 갖기 위해 꼼꼼하게 준비해야 한다.

유쾌한 접대 자리를 만들기 위해서는 상대의 이야기를 잘 들어주는 것이 중요하다. 고객의 말에 귀를 기울이며 고개를 끄덕이고 맞장구를 치는 것으로 듣고 있다는 것을 표시한다. 중요한 것은 배려이고 배려이며 배려다.

참석한 손님에게 '오늘은 정말 즐거웠어요. 다음에는 우리 쪽에서 자리를 마련할 테니 꼭 함께하시죠' 등의 대답이 나오면 성공적인 접대가 된 것이다. 고객이 진심으로 즐길 수 있도록 준비하여 친목의 장으로 만들어보자.

직장 회식의 포인트

술자리라고는 해도 상대는 직장 사람이다. 예절을 잊지 않도록 주의하자.

- 상사가 따라주기 전에 술을 따른다.
- 상사가 따라주면 '감사합니다' 하고 받는다.
- 술을 못 하는 사람에게 강요하지 않는다.
- 술이 약해 거절해야 할 때는 '아쉽지만 제가 술을 잘 못 해서…' 등의 말로 부드럽게 거절한다. '못 마시거든요!' 하며 딱 잘라 말하는 것은 무례할 수 있다.
- 다른 사람을 험담하지 않는다. 상대가 상사나 회사의 험담을 해도 크게 동조하지 않는다.
- 성희롱하지 않는다.
- 식사나 대화를 즐기며 천천히 마신다.

접대 시 주의점

- 회식: 상대가 좋아하는 음식과 술을 사전에 알아둔다. 출신 지역의 향토 요리나 토속주는 대부분 호의적이다. 잊지 말고 한 번쯤 시도해보자.
  상대가 요식 업계와 식품 업계의 회사 또는 해당 계열사 소속인 경우는 회식 장소인 식당에서 취급하는 상품에 관해서도 확인하고, 상대(고객사)에 맞는 곳을 고르도록 하자(예. S사 맥주와 관련이 있는 회사인데, K사 맥주만 다루는 가게를 예약하는 불상사가 없도록 세심한 부분까지 챙기도록 한다).
- 노래방: 선호하지 않는 사람도 있으니 사전에 반드시 확인해둔다. 접대하는 쪽이 마이크를 놓지 않는 것은 당연히 매너가 없는 행동이다. 분위기를 띄운 뒤에는 상대가 맘껏 즐길 수 있도록 노래를 들어주고 호응해준다.
- 골프: 상대의 실력을 미리 조사하여 비슷한 수준의 멤버로 구성한다.

접대도 일이다. 준비는 철저하게!　　　　　　　　　　Column 18

접대를 즐겁고 의미 있는 자리로 만들기 위해 접대하는 입장에서 유의해야 할 점에 대해 정리해보자.

· **술자리 전 준비 사항**

상대가 즐길 수 있는 접대 자리를 위해서는 사전 정보 수집이 핵심이다. 식당 선정부터 당일 대화 주제에 이르기까지 상대의 취향을 철저하게 조사하여 준비한다.

① 접대하는 상대의 취미(골프·음악, 응원하는 구단 등)나 술, 음식 입맛 알아보기
② 상대의 취향을 파악한 뒤에 상사와 상의하고 예산에 맞추어 장소를 결정한다. 접대 자리임을 식당에 전달하고, 가능하면 방 쪽으로 배치를 부탁한다.
③ 점심시간 등을 이용하여 접대 장소를 사전 답사한다. 이때 식당까지의 접근 경로, 직원들의 태도, 메뉴, 술이나 음료의 종류, 좌석이나 화장실 위치 등도 확인해둔다.
④ 상대방에게 편리한 일시를 묻는다. 몇몇 가능한 일정을 미리 받아보고 사내 참석자들의 일정과 조율한다.
⑤ 예산과 요리의 종류, 상품 수, 서비스 내용을 가게 측과 협의한다.
⑥ 일시와 장소가 정해지면 정식으로 초대한다.
⑦ 전날에는 전화로 상대에게 상황에 변동이 없는지 확인한다.
⑧ 당일은 모임 장소에 먼저 들어가 접대하는 측에서 맞이할 수 있도록 한다.
⑨ 당일의 비용 지불은 상대가 모르게 깔끔하게 끝낸다.
⑩ 선물과 귀가 준비도 잊지 말아야 하며, 감사의 마음을 담아 배웅한다.
⑪ 접대 다음 날에는 전화로 감사 인사를 전하거나 감사 메일을 잊지 않고 남긴다.

· **술자리에서의 기본 매너**

술자리에서는 맛있는 음식과 술을 즐기며 능숙한 대화로 관계를 이끈다.

① 접대하는 측(혹은 직위가 낮은 사람)이 적절한 타이밍에 상대에게 술을 권하는 것이 예의다. 상대의 잔이 비지 않도록 회식 중에도 신경을 늦추지 않도록 한다.

② 술잔이 비면 '받으세요'라며 권하고, 상대가 술잔을 손에 들면 따른다. 놓여 있는 잔에 마음대로 따르는 것은 예의가 아니다.

③ 술이 강한 사람도 있지만 약한 사람도 있으니 무리한 강요는 절대 금지다.

④ 술을 받은 상대가 '받으세요'라며 술을 권하면 '감사합니다' 하며 답례를 하고 받는다.

⑤ 받은 술은 받은 채로 그냥 두지 않고, 살짝 한 모금이라도 입을 댄다.

⑥ 술을 못 마시는 경우는 우선 잔에 받아 마시는 액션을 취한 뒤, '술이 약해 죄송합니다. 마음만 받겠습니다'라고 사양하는 것이 어른다운 매너다. 어떤 사정이든 단호히 거절하는 것은 자리의 분위기를 망칠 수 있으니 조심하자.

⑦ 젓가락 사용법 등 식사 자리에서의 태도, 테이블 매너는 사회인으로서의 상식이므로 철저히 익혀두도록 하자.

신입사원 매너 검정시험

매너 있는 사회인이 될 준비가 얼마나 되었는지 지금까지 배운 내용을 확인해보자. 사회인으로서 가져야 할 올바른 마음가짐과 태도라고 생각되는 항목에는 ○, 그렇지 않은 항목에는 ×로 답하시오(1번은 서술형 문제).

1 비즈니스 매너의 다섯 가지 원칙을 모두 적으시오.

- _____
- _____
- _____
- _____
- _____

2 옷차림의 3원칙은 ① 청결함, ② 기능성, ③ 멋이다. ☐

3 휴대전화를 시계 대신 사용해도 좋다. ☐

4 유니폼을 입는 직장이라면 출퇴근 복장은 어떤 스타일이든 상관없다. ☐

5 인사는 선배, 후배에 관계없이 먼저 알아본 사람이 건넨다. ☐

6 정중례는 몇 번씩 고개를 숙여 인사하는 것을 말한다. ☐

7 상사와 선배의 노고를 위로할 때는 '수고하십시오'라고 한다. ☐

8. 짧은 시간 안에 전화를 건 사람과 지명인을 연결할 때는 보류 모드로 하지 않아도 된다. ☐

9. 잘못 걸린 전화가 왔을 때는 '잘못 거셨어요'라고 대답하고 바로 끊는다. ☐

10. 구두로 메모 내용을 전했으면 메모는 바로 버려도 괜찮다. ☐

11. 다른 회사를 방문할 때, 코트나 머플러는 상대 회사에 들어가기 전 입구에서 벗는다. ☐

12. 방문지에서 응접실로 안내되면 별도 지시가 없어도 소파에 앉는다. ☐

13. 출근 시간만 지킨다면 업무 시작 전에 맞춰 빠듯하게 출근해도 괜찮다. ☐

14. 주위 사람이 바쁠 때는 방해가 되지 않도록 조용히 퇴근하는 것이 좋다. ☐

15. 고객에게 상사(팀장)가 부재중임을 전할 때의 바른 표현은 '지금 박 팀장은 외출하셨습니다'이다. ☐

16. 손님에게 용건을 물을 때의 적절한 말은 '무슨 일이세요?'다. ☐

17. 상사(팀장)의 아내에게서 전화가 걸려왔는데 자리에 없었다. 이럴 때 올바른 전달 표현은 '공교롭게도 박 팀장님은 지금 외출 중이십니다'이다. ☐

18. 거래처에서 소개받은 담당자가 대학 시절 친구였다. 모른 척을 할 수는 없다. '오랜만이야. 잘 지냈어?'라고 말을 건다. ☐

19. 명함을 교환한 상대방의 담당 업무를 확인하고 싶을 때는 '실례지만, 어떤 업무를 맡고 계신지 알 수 있을까요?' 하고 물어도 좋다. ☐

20. 사내 술자리에서 편하게 마시자 해서 선배에게 반말을 했다. ☐

신입사원 매너 검정시험 - 정답

1 : 단정, 표정, 태도, 말투, 인사(순서 무관)

2 : ✕

③번이 오답이다. 옳은 답은 '밸런스(TPO)'다. 옷차림은 상대방에 대한 마음가짐으로 상대방의 입장에서 생각하여 매무새를 단정히 하는 것이다. 멋을 내는 것은 '자신'을 위해서 하는 행동이다. 직장생활과 사생활을 구분하여 어느 한 쪽으로 치우치지 않도록 한다.

3 : ✕

휴대전화를 시계 대신으로 사용하는 것은 예의가 아니다. 비즈니스 자리에서는 손목시계를 사용하도록 하자. 또 휴대전화의 스케줄러나 메모장 기능을 사용하는 것도 바람직하지 않다.

4 : ✕

언제든 고객의 눈에 띌 수 있다. 출퇴근할 때도 사회인으로서의 옷차림을 항상 염두에 두자.

5 : ○

인사는 먼저 알아본 쪽에서 하면 되는 것이다. 신입사원이라면 당신이 먼저 인사하고, 후배가 생기면 자신이 먼저 말을 걸어주는 선배가 되자.

6 : ✕

몇 번씩 굽실굽실 머리를 조아리는 것이 아니라 제대로 된 자세로 정중한 인사를 한 번 하면 된다.

7 : ✕

'수고'는 윗사람이 아랫사람에게 쓰는 말이다. 상사나 선배에게 '힘드셨지요. 고생 많으셨습니다'가 적합하다.

8 : ✗

: 무슨 일이 일어날지 모르기 때문에, 짧은 시간이라도 일단 보류 버튼을 누른 뒤 연결하는 것이 좋다.

9 : ✗

: '아닌데요'와 같이 부정의 말은 쓰지 않도록 하자. 잘못 걸려온 전화는 회사를 알릴 기회라고 생각하자. '여기는 ○○ 회사입니다'라며 예의 바르게 회사 이름을 밝힌다.

10 : ✗

: 나중에 '전달했다' vs '전달받지 않았다'로 왈가왈부하는 일이 없도록 전화를 받았던 메모는 당분간 보관해두는 것이 좋다.

11 : ○

: 코트와 머플러는 방문한 회사에 들어가기 전에 벗는다. 그리고나서 옷매무새를 가다듬고 안내데스크에 접수를 부탁한다.

12 : ✗

: 고객으로 방문한 경우라도 상대가 상석을 권하기 전까지는 말석에 앉는 것이 예의다.

13 : ✗

: '근무시간'이라는 것은 일을 시작한 시간부터를 의미한다. 빠듯하게 출근하면 하루를 시작하는 첫 통화를 밝은 목소리로 할 수 없다. 시간상으로 여유 있게 움직여야 마음에도 여유가 생긴다.

14 : ✗

: 아무 말없이 퇴근해 버리면 주변에서는 당신이 퇴근한 줄 몰라 곤란한 상황이 생길 수도 있다. 전화가 끝날 때까지 잠시 기다렸다가 인사를 하거나 메모를 남기는 등 상대에 대한 배려를 잊지 말자.

⑮ : ✕

고객에게 사내 사람과 관련된 내용을 전할 때는 겸양어를 사용한다. 상대의 지위가 더 높을 경우는 직함에 '님'을 붙일 필요가 없으니 주의한다. '지금 박 팀장은 외출 중입니다'라고 전하는 것이 올바른 높임말이다.

⑯ : ✕

단도직입적으로 물을 것이 아니라 '실례합니다만' 등의 쿠션 언어를 곁들여 말해보자. '무슨 용건이신지 여쭈어도 될까요?' 하고 다가가면 듣는 이도 거부감 없이 받아들일 것이다.

⑰ : ◯

상사의 부인은 사내 사람은 아니지만, 상사의 가족이기 때문에 상사를 대하는 것과 같은 태도로 정중하게 대하는 것이 옳다. 예문에서는 올바른 높임말을 쓰고 있다.

⑱ : ✕

친구 관계 일지라도 비즈니스 상황이라면 제대로 된 높임말로 대응하자.

⑲ : ◯

상대의 업무를 모르면 일에 대한 논의나 문의를 제대로 할 수 없다. 담당 업무를 묻는 것은 실례되는 일이 아니므로 '실례지만…' 하며 부드럽게 물어보자.

⑳ : ✕

사내 회식은 비록 편한 술자리라 해도 정도를 지켜야 한다. 예의를 지키는 언행을 할 수 있도록 긴장을 늦추지 않도록 하자.

에필로그

  이 책을 통해 독자 여러분을 만나게 되어 마음 깊이 감사드립니다. 사회인으로서 경험이 짧아 처음에는 선배나 상사로부터 지적받는 날이 많아 우울할 수도 있을 겁니다. 그럴 때는 자신을 성장시키는 선물을 받았다고 여기고 감사한 마음을 가지면 좋겠습니다.

  진정한 매너가 몸에 배면 당신의 인생도 풍요로워집니다. 하지만 머리로만 이해하고 상대를 생각하는 마음이 담겨있지 않은 매너는 지식에 불과할 뿐 의미가 없습니다. 매너는 상대방과 자신 모두가 기분 좋게 일하기 위한 배려의 마음이 담겨 있어야 가치 있기 때문입니다. 고객이나 함께 일하는 동료에게 무엇을 해줄 수 있는지 생각하고, 상대를 먼저 생각하는 마음으로 비즈니스 매너를 실천한다면, 당신과 당신을 둘러싼 주변 사람 모두가 행복해질 수 있습니다.

  이 책에서 소개한 매너를 익혀두면 당신도 어엿한 사회인으로 우뚝 설 수 있습니다. 올바른 비즈니스 매너를 익힘으로써 자신감도 올라갈 것입니다. 이 자신감을 바탕으로 활기차게 일한다면 당신의 인품은 깊어지고 매력은 한층 높아질 것입니다.

  생각이 바뀌면 행동이 바뀐다.
  행동이 바뀌면 습관이 바뀐다.
  습관이 바뀌면 인격이 바뀐다.
  인격이 바뀌면 운명이 바뀐다.
  운명이 바뀌면 인생이 바뀐다.

  당신의 빛나는 인생에 이 책이 함께하기를 진심으로 기원합니다.

옮긴이 정현미

대학교와 대학원에서 일본문학과 교육심리를 공부했다. 졸업 후 항공사와 대기업에서 근무하며 분야를 넓혔고, 말을 모으고 매개하는 작업에 매력을 느껴 번역가의 길에 들어서게 되었다. 바른번역 전문과정을 거쳐 번역가로 데뷔했으며 기획 번역서인 《인생 작품》 시리즈를 출간 준비 중이다.

바른회사생활

초판 1쇄 인쇄 2019년 8월 12일
초판 1쇄 발행 2019년 8월 19일

지은이	야마다 지호코
옮긴이	정현미
펴낸이	방환상

기획마케팅	권두리
콘텐츠편집	한아름, 최윤영, 최현영, 조주리
디자인	신은영, 이진이, 홍승희, 박은진
경영관리	김미화, 황새봄, 조한이

발행처	(주)정원그라피아(소운서가)
출판등록	2006년 7월 21일 제251-2006-35호
주소	(04795) 서울시 성동구 성수이로 147 아이에스비즈타워 5층
전화	02-6464-7500 **팩스** 02-6464-7501
홈페이지	www.jwg.kr **인스타그램** instagram.com/sounseoga
ISBN	979-11-85192-54-3 02320
정가	12,000원

잘못된 도서는 바꿔 드립니다.
이 책 내용의 전부 또는 일부를 재사용하려면 반드시 정원그라피아의 동의를 받아야 합니다.
정원그라피아는 독자 여러분의 책에 관한 아이디어와 원고를 기다립니다. 책으로 엮기를 원하는 아이디어가 있으신 분은 kwon.duri@jwg.kr로 간략한 개요와 취지를 연락처와 함께 보내주십시오.

이 도서의 국립중앙도서관 출판예정도서목록(CIP)은 서지정보유통지원시스템 홈페이지(http://seoji.nl.go.kr)와 국가자료공동목록시스템(http://www.nl.go.kr/kolisnet)에서 이용하실 수 있습니다.(CIP제어번호: CIP2019027689)